LE GRAND CATÉCHISME

SAINT PIE X

TABLE DES MATIÈRES

Leçon préliminaire : La doctrine chrétienne et ses parties principales. 1

PREMIÈRE PARTIE : LE SYMBOLE DES APÔTRES OU CREDO.

1. Le Credo en général 5
2. Le premier article du Symbole. 7
3. Le second article. 13
4. Le troisième article. 16
5. Le quatrième article. 18
6. Le cinquième article. 21
7. Le sixième article. 22
8. Le septième article. 24
9. Le huitième article. 26
10. Le neuvième article. 28
11. Le dixième article. 39
12. Le onzième article. 40
13. Le douzième article. 42

DEUXIÈME PARTIE : LA PRIÈRE.

1. La prière en général. 47
2. L'oraison dominicale. 51
3. L'Ave maria. 58
4. L'invocation des Saints. 60

TROISIÈME PARTIE : LES COMMANDEMENTS DE DIEU ET DE L'ÉGLISE

1. Les commandements de Dieu en général. 63
2. Les commandements qui regardent Dieu. 65
3. Les commandements qui concernent le prochain. 71
4. Les préceptes de l'Église 80
5. Les devoirs particuliers de chaque état et les conseils évangéliques. 86

QUATRIÈME PARTIE : LES SACREMENTS.

1. Les sacrements en général. 91
2. Le Baptême. 95
3. La Confirmation. 99
4. L'Eucharistie. 102
5. Le saint sacrifice de la Messe. 109
6. La pénitence. 113
7. L'Extrême-onction 130
8. L'Ordre 132
9. Le Mariage. 135

CINQUIÈME PARTIE : LES PRINCIPALES VERTUS ET LES AUTRES CHOSES QU'UN CHRÉTIEN DOIT SAVOIR.

1. Les principales vertus. 141
2. Les dons du saint-Esprit. 148
3. Les Béatitudes évangéliques. 150
4. Les œuvres de miséricorde. 153
5. Les péchés et leurs espèces principales. 155
6. Les vices et les autres péchés très graves. 157
7. Les Fins dernières et les autres moyens principaux pour éviter le péché. 159
8. Les exercices pieux conseillés au chrétien pour chaque jour. 160

"La nécessité de pourvoir autant que possible à la formation religieuse des enfants nous a porté à publier un catéchisme qui expose d'une manière claire les éléments de la sainte foi et les vérités divines sur lesquelles doit se régler la vie de tout chrétien."

— SAINT PIE X, 1905

LEÇON PRÉLIMINAIRE : LA DOCTRINE CHRÉTIENNE ET SES PARTIES PRINCIPALES.

Etes-vous chrétien ?

Oui, je suis chrétien par la grâce de Dieu.

Pourquoi dites-vous : par la grâce de Dieu ?

Je dis : par la grâce de Dieu, parce qu'être chrétien est un don tout gratuit de Dieu que nous n'avons pu mériter.

Quel est le vrai chrétien ?

Le vrai chrétien est celui qui est baptisé, qui croit et professe la doctrine chrétienne et obéit aux pasteurs légitimes de l'Eglise.

Qu'est-ce que la doctrine chrétienne ?

La doctrine chrétienne est la doctrine que Jésus-Christ Notre Seigneur nous a enseignée pour nous montrer la voie du salut.

Est-il nécessaire d'apprendre la doctrine enseignée par Jésus-Christ ?

Il est certainement nécessaire d'apprendre la doctrine enseignée par Jésus-Christ, et ceux qui négligent de le faire pèchent gravement.

Les parents et les maîtres sont-ils obligés d'envoyer au catéchisme leurs enfants et ceux qui dépendent d'eux ?

Les parents et les maîtres sont obligés d'assurer à leurs enfants et à ceux qui dépendent d'eux l'enseignement de la doctrine chrétienne et ils se rendent coupables devant Dieu s'ils ne s'acquittent pas de ce devoir.

De qui devons-nous recevoir et apprendre la doctrine chrétienne ?

Nous devons recevoir et apprendre la doctrine chrétienne de la sainte Eglise catholique.

Comment sommes-nous certains que la doctrine chrétienne que nous recevons de la sainte Eglise catholique est la vraie ?

Nous sommes certains que la doctrine chrétienne que nous recevons de l'Eglise catholique est la vraie, parce que Jésus-Christ, auteur divin de cette doctrine, l'a confiée par ses Apôtres à l'Eglise qu'il fondait et constituait maîtresse infaillible de tous les hommes, lui promettant son assistance divine jusqu'à la fin des siècles.

Y a-t-il d'autres preuves de la vérité de la doctrine chrétienne ?

La vérité de la doctrine chrétienne est démontrée aussi par la sainteté éminente de tant d'hommes qui l'ont professée et qui la professent ; par la force héroïque des martyrs, par la rapidité merveilleuse de sa diffusion dans le monde et par sa pleine conservation à travers tant de siècles de luttes variées et continuelles.

Quelles sont les parties principales et les plus nécessaires de la doctrine chrétienne ?

Les parties principales et les plus nécessaires de la doctrine chrétienne sont au nombre de quatre : le Credo, le Pater noster, les Commandements et les Sacrements.

Que nous enseigne le Credo ?

Le Credo nous enseigne les principaux articles de notre sainte foi.

Que nous enseigne le Pater noster ?

Le Pater noster nous enseigne tout ce que nous devons espérer de Dieu et tout ce que nous devons lui demander.

Que nous enseignent les Commandements ?

Les Commandements nous enseignent tout ce que nous devons faire pour plaire à Dieu ; et tout cela se résume à aimer Dieu par-dessus toute chose et notre prochain comme nous-mêmes pour l'amour de Dieu.

Que nous enseigne la doctrine des Sacrements ?

La doctrine des Sacrements nous fait connaître la nature et le bon usage de ces moyens que Jésus-Christ a institués pour nous remettre les péchés, nous communiquer sa grâce, infuser et accroître en nous les vertus de Foi, d'Espérance et de Charité.

PREMIÈRE PARTIE : LE SYMBOLE DES APÔTRES OU CREDO.

1

LE CREDO EN GÉNÉRAL

Quelle est la première partie de la doctrine chrétienne ?
La première partie de la doctrine chrétienne est le symbole des Apôtres, appelé communément le Credo.
Pourquoi appelez-vous le Credo symbole des Apôtres ?
Le Credo est appelé symbole des Apôtres parce qu'il est un abrégé des vérités de la foi enseignées par les Apôtres.
Combien y a-t-il d'articles dans le Credo ?
Il y a dans le Credo douze articles.
Récitez-les.
1 Je crois en Dieu, le Père tout-puissant, Créateur du ciel et de la terre ;
2 Et en Jésus-Christ, son Fils unique, Notre Seigneur
3 Qui a été conçu du Saint-Esprit, est né de la Vierge Marie ;
4 A souffert sous Ponce Pilate, a été crucifié, est mort et a été enseveli ;
5 Est descendu aux enfers, et le troisième jour est ressuscité d'entre les morts ;
6 Est monté aux cieux, est assis à la droite de Dieu, le Père tout-puissant ;
7 D'où il viendra juger les vivants et les morts.
8 Je crois au Saint-Esprit ;
9 A la sainte Église catholique, à la communion des saints ;
10 A la rémission des péchés ;
11 A la résurrection de la chair
12 A la vie éternelle.
Ainsi soit-il.

Que veut dire le mot Credo, je crois, que vous dites au commencement du Symbole ?

Le mot Credo, je crois, veut dire : je tiens pour absolument vrai tout ce qui est contenu dans ces douze articles, et je le crois plus fermement que si je le voyais de mes yeux ; parce que Dieu, qui ne peut ni se tromper ni tromper personne, a révélé ces vérités à la sainte Église catholique et par elle nous les révèle à nous-mêmes.

Que contiennent les articles du Credo ?

Les articles du Credo contiennent les principales choses que nous devons croire sur Dieu, sur Jésus-Christ et sur l'Église son épouse.

Est-il bien utile de réciter souvent le Credo ?

Il est très utile de réciter souvent le Credo pour imprimer toujours davantage dans notre cœur les vérités de la foi.

2

LE PREMIER ARTICLE DU SYMBOLE.

§ 1. Dieu le Père et la création.

Q ue nous enseigne le premier article : *Je crois en Dieu le Père tout-puissant, Créateur du ciel et de la terre ?*

Le premier article du Credo nous enseigne qu'il y a un seul Dieu, qu'il est tout-puissant, et qu'il a créé le ciel, la terre et tout ce qu'ils renferment, c'est-à-dire l'univers entier.

Comment savons-nous qu'il y a un Dieu ?

Nous savons qu'il y a un Dieu parce que notre raison nous le démontre et que la foi nous le confirme.

Pourquoi donne-t-on à Dieu le nom de Père ?

On donne à Dieu le nom de Père :

1 parce qu'il est par nature Père de la seconde Personne de la Très Sainte Trinité, c'est-à-dire du Fils qu'il a engendré ;

2 parce que Dieu est le Père de tous les hommes qu'il a créés, qu'il conserve et qu'il gouverne ;

3 enfin parce qu'il est le Père par la grâce de tous les bons chrétiens, appelés pour cela les fils adoptifs de Dieu.

Pourquoi le Père est-il la première Personne de la Très Sainte Trinité ?

Le Père est la première Personne de la Très Sainte Trinité parce qu'il ne procède pas d'une autre Personne, mais qu'il est le principe des deux autres Personnes, c'est-à-dire du Fils et du Saint-Esprit.

Que veut dire le mot : tout-puissant ?

Le mot tout-puissant veut dire que Dieu peut faire tout ce qu'il veut.

Dieu ne peut ni pécher ni mourir : comment dit-on alors qu'il peut tout faire ?

On dit que Dieu peut tout faire, bien qu'il ne puisse ni pécher ni mourir, parce que le pouvoir de pécher ou de mourir n'est pas un effet de puissance mais de faiblesse, et ne peut pas être en Dieu, qui est infiniment parfait.

Que veut dire : Créateur du ciel et de la terre ?

Créer veut dire faire de rien : aussi Dieu est appelé le Créateur du ciel et de la terre parce qu'il a fait de rien le ciel, la terre et tout ce qu'ils renferment, c'est-à-dire l'univers entier.

Le monde a-t-il été créé seulement par le Père ?

Le monde a été créé également par les trois Personnes divines, parce que tout ce que fait une Personne concernant les créatures, les autres le font aussi dans un même acte.

Pourquoi donc la création est-elle attribuée particulièrement au Père ?

La création est attribuée spécialement au Père parce que la création est un effet de la toute puissance divine et que la toute puissance est attribuée spécialement au Père, comme la Sagesse au Fils et la Bonté au Saint-Esprit, bien que les trois Personnes soient également puissantes, sages et bonnes.

Dieu a-t-il soin du monde et de toutes les choses qu'il a créées ?

Oui, Dieu a soin du monde et de toutes les choses qu'il a créées ; il les conserve et les gouverne par sa bonté et sa sagesse infinies, et rien n'arrive ici-bas sans que Dieu le veuille ou le permette.

Pourquoi dites-vous que rien n'arrive ici-bas sans que Dieu le veuille ou le permette ?

On dit que rien n'arrive ici-bas sans que Dieu le veuille ou le permette, parce qu'il y a des choses que Dieu veut et commande, et d'autres qu'il n'empêche pas, comme le péché.

Pourquoi Dieu n'empêche-t-il pas le péché ?

Dieu n'empêche pas le péché, parce que même de l'abus que fait l'homme de la liberté qu'il lui a été concédée, il sait retirer un bien et faire toujours resplendir davantage ou sa miséricorde ou sa justice.

§ 2. Les Anges.

Quelles sont les créatures les plus nobles que Dieu ait créées ?
Les plus nobles créatures créées par Dieu sont les Anges.
Qu'est ce que les Anges ?
Les Anges sont des créatures intelligentes et purement spirituelles.
Dans quel but Dieu a-t-il créé les Anges ?

Dieu a créé les Anges pour être honoré et servi par eux, et pour les rendre éternellement heureux.

Quelle forme et quelle figure ont les Anges ?

Les Anges n'ont ni figure ni forme sensible parce qu'ils sont de purs esprits, créés par Dieu pour subsister sans devoir être unis à un corps.

Pourquoi donc représente-t-on les Anges sous des formes sensibles ?

On représente les Anges sous des formes sensibles :

1 pour aider notre imagination à les concevoir ;

2 parce que c'est ainsi qu'ils ont apparu souvent aux hommes, comme nous le lisons dans la Sainte Écriture

Les Anges furent-ils tous fidèles à Dieu ?

Non, les Anges ne furent pas tous fidèles à Dieu, mais beaucoup parmi eux prétendirent par orgueil lui être égaux et être indépendants de lui ; et, à cause de ce péché, ils furent exclus pour toujours du paradis et condamnés à l'enfer.

Comment s'appellent les Anges exclus pour toujours du paradis et condamnés à l'enfer ?

Les Anges exclus pour toujours du paradis et condamnés à l'enfer s'appellent démons et leur chef s'appelle Lucifer ou Satan.

Les démons peuvent-ils nous faire quelque mal ?

Oui, les démons, si Dieu leur en donne la permission, peuvent faire beaucoup de mal et à notre âme et à notre corps, surtout en nous portant au péché par la tentation.

Pourquoi nous tentent-ils ?

Les démons nous tentent à cause de l'envie qu'il nous portent et qui leur fait désirer notre damnation éternelle, et à cause de leur haine contre Dieu dont l'image resplendit en nous. Et Dieu permet les tentations, afin que nous en triomphions avec le secours de la grâce, et qu'ainsi nous pratiquions les vertus et nous acquérions des mérites pour le paradis.

Comment pouvons-nous triompher des tentations ?

On triomphe des tentations par la vigilance, par la prière et par la mortification chrétienne.

Comment s'appellent les Anges qui sont restés fidèles à Dieu ?

Les Anges qui sont restés fidèles à Dieu s'appellent les bons Anges, les Esprits célestes ou simplement les Anges.

Que devinrent les Anges restés fidèles à Dieu ?

Les Anges restés fidèles à Dieu furent confirmés en grâce. Ils jouissent pour toujours de la vue de Dieu ; ils l'aiment, le bénissent et le louent éternellement.

Dieu se sert-il des Anges comme de ses ministres ?

Oui, Dieu se sert des Anges comme de ses ministres, et, en particulier, il confie à beaucoup d'entre eux la charge d'être nos gardiens et nos protecteurs.

Devons-nous avoir une dévotion particulière envers notre Ange gardien ?

Oui, nous devons avoir une dévotion particulière envers notre Ange gardien, l'honorer, invoquer son appui, suivre ses inspirations, et lui être reconnaissants pour l'assistance continuelle qu'il nous prête.

§ 3. L'homme.

Quelle est la créature la plus noble que Dieu ait mise sur la terre ?

La créature la plus noble que Dieu ait mise sur la terre est l'homme.

Qu'est-ce que l'homme ?

L'homme est une créature raisonnable composée d'une âme et d'un corps.

Qu'est-ce que l'âme ?

L'âme est la partie la plus noble de l'homme, parce qu'elle est une substance spirituelle, douée d'intelligence et de volonté, capable de connaître Dieu et de le posséder éternellement.

Peut-on voir et toucher l'âme humaine ?

On ne peut ni voir notre âme ni la toucher parce que c'est un esprit.

L'âme humaine meurt-elle avec le corps ?

L'âme humaine ne meurt jamais : la foi et la raison elle-même prouvent qu'elle est immortelle.

L'homme est-il libre dans ses actions ?

Oui, l'homme est libre dans ses actions et chacun sent en lui-même qu'il peut faire une chose ou ne pas la faire, faire une chose plutôt qu'une autre.

Expliquez par un exemple cette liberté humaine ?

Si je dis volontairement un mensonge, je sens que je pourrais ne pas le dire et me taire, et que je pourrais aussi parler différemment en disant la vérité.

Pourquoi dit-on que l'homme a été créé à l'image et à la ressemblance de Dieu ?

On dit que l'homme a été créé à l'image et à la ressemblance de Dieu, parce que l'âme humaine est spirituelle et raisonnable, libre dans ses actes, capable de connaître et d'aimer Dieu et de jouir de lui éternellement ; et ces perfections sont en nous un reflet de l'infinie grandeur du Seigneur.

En quel état Dieu a-t-il créé nos premiers parents Adam et Eve ?

Dieu a créé Adam et Eve dans l'état d'innocence et de grâce ; mais bientôt ils en déchurent par le péché.

Outre l'innocence et la grâce sanctifiante, Dieu ne fit-il pas d'autres dons à nos premiers parents ?

Outre l'innocence et la grâce sanctifiante, Dieu fit à nos premiers parents d'autres dons qu'ils devaient transmettre à leurs descendants avec la grâce sanctifiante. C'étaient : l'intégrité, c'est-à-dire la parfaite soumission des sens à la raison ; l'immortalité ; l'immunité de toute douleur et misère, et la science proportionnée à leur état.

Quel fut le péché d'Adam ?
Le péché d'Adam fut un péché d'orgueil et de grave désobéissance.

Quel fut le châtiment du péché d'Adam et d'Eve ?
Adam et Eve perdirent la grâce de Dieu et le droit qu'ils avaient au ciel ; ils furent chassés du paradis terrestre, soumis à beaucoup de misères de l'âme et du corps et condamnés à mourir.

Si Adam et Eve n'avaient pas péché, auraient-ils été exempts de la mort ?
Si Adam et Eve n'avaient pas péché et qu'ils fussent restés fidèles à Dieu, après un séjour heureux et tranquille sur cette terre, sans mourir ils auraient été transportés par Dieu dans le Ciel pour y jouir d'une vie éternelle et glorieuse.

Ces dons étaient-ils dus à l'homme ?
Ces dons n'étaient dus à l'homme en aucune façon ; mais ils étaient absolument gratuits et surnaturels. Aussi, quand Adam eût désobéi au commandement divin, Dieu put sans injustice priver de ces dons lui et sa postérité.

Ce péché est-il propre seulement à Adam ?
Ce péché n'est pas seulement le péché d'Adam, il est aussi le nôtre, quoique différemment. Il est propre à Adam, parce que c'est lui qui le commit par un acte de sa volonté et par là il fut pour lui péché personnel. Il nous est propre, parce que, Adam ayant péché comme chef et souche de tout le genre humain, son péché est transmis par la génération naturelle à tous ses descendants, et par là il est pour nous péché originel.

Comment est-il possible que le péché originel passe dans tous les hommes ?
Le péché originel passe dans tous les hommes parce que, Dieu ayant conféré au genre humain, en Adam, la grâce sanctifiante et tous les autres dons surnaturels, à condition qu'Adam ne désobéît pas, celui-ci désobéit en qualité de chef et de père du genre humain et rendit la nature humaine rebelle contre Dieu. Aussi la nature humaine est-elle transmise à tous les descendants d'Adam dans un état de rébellion contre Dieu et privée de la grâce divine et des autres dons.

Tous les hommes contractent-ils le péché originel ?
Oui, tous les hommes contractent le péché originel, excepté la Très Sainte Vierge qui en fut préservée par un privilège spécial de Dieu, en prévision des mérites de Jésus-Christ notre Sauveur.

Après le péché d'Adam les hommes n'auraient-ils pas pu se sauver ?

Après le péché d'Adam, les hommes n'auraient pas pu se sauver, si Dieu n'avait pas été miséricordieux à leur égard.

Comment Dieu fut-il miséricordieux envers le genre humain ?

Dieu fut miséricordieux envers le genre humain en promettant tout de suite à Adam le Rédempteur divin ou Messie, et en envoyant ce Messie au temps marqué, pour délivrer les hommes de l'esclavage du démon et du péché.

Quel est le Messie promis ?

Le Messie promis est Jésus-Christ, comme nous l'enseigne le second article du Credo.

3

LE SECOND ARTICLE.

Que nous enseigne le second article : Et en Jésus-Christ, son Fils unique, notre Seigneur ?

Le second article du Credo nous enseigne que le Fils de Dieu est la seconde Personne de la très sainte Trinité ; qu'il est Dieu éternel, tout-puissant, Créateur et Seigneur, comme le Père ; qu'il s'est fait homme pour nous sauver et que le Fils de Dieu fait homme s'appelle Jésus-Christ.

Pourquoi la seconde Personne s'appelle-t-elle le Fils ?

La seconde Personne s'appelle le Fils, parce que de toute éternité elle est engendrée du Père par voie d'intelligence : c'est pour cela qu'on l'appelle aussi le Verbe éternel du Père.

Nous sommes, nous aussi, fils de Dieu : pourquoi donc appelons-nous Jésus-Christ Fils unique de Dieu le Père ?

Nous appelons Jésus-Christ Fils unique de Dieu le Père, parce que lui seul est Fils de Dieu par nature, tandis que nous le sommes par création et par adoption.

Pourquoi appelons-nous Jésus-Christ notre Seigneur ?

Nous appelons Jésus-Christ notre Seigneur, parce que non seulement en tant que Dieu il nous a créés, de concert avec le Père et le Saint-Esprit, mais encore il nous a rachetés en tant que Dieu et homme.

Pourquoi le Fils de Dieu fait homme est-il appelé Jésus ?

Le Fils de Dieu fait homme est appelé Jésus, ce qui veut dire Sauveur, parce qu'il nous a sauvés de la mort éternelle méritée par nos péchés.

Qui a donné le nom de Jésus au Fils de Dieu fait homme ?

C'est le Père éternel lui-même qui a donné au Fils de Dieu fait homme le nom de Jésus par l'intermédiaire de l'archange Gabriel, lorsque celui-ci annonça à la Vierge le mystère de l'Incarnation.

Pourquoi le Fils de Dieu fait homme est-il aussi appelé Christ ?

Le Fils de Dieu fait homme est aussi appelé Christ, ce qui veut dire oint et sacré, parce qu'autrefois on consacrait par l'onction les rois, les prêtres et les prophètes, et que Jésus est le roi des rois, le souverain prêtre et le premier des prophètes.

Jésus-Christ fut-il oint et sacré d'une onction corporelle ?

L'onction de Jésus-Christ ne fut pas corporelle comme celle des anciens rois, prêtres et prophètes, mais toute spirituelle et divine, la plénitude de la divinité habitant en lui substantiellement.

Les hommes eurent-ils quelque connaissance de Jésus-Christ avant sa venue ?

Oui, les hommes eurent connaissance de Jésus-Christ avant sa venue, par la promesse du Messie que Dieu fit à nos premiers parents Adam et Eve, et qu'il renouvela aux saints Patriarches, et par les prophéties et les nombreuses figures qui le désignaient.

Comment savons-nous que Jésus-Christ est vraiment le Messie et le Rédempteur promis ?

Nous savons que Jésus-Christ est vraiment le Messie et le Rédempteur promis, parce qu'en Lui s'est accompli tout ce qu'annonçaient les prophètes et tout ce que représentaient les figures de l'Ancien Testament.

Qu'annonçaient les prophéties au sujet du Rédempteur ?

Au sujet du Rédempteur les prophéties annonçaient la tribu et la famille d'où il devait sortir ; le lieu et le temps de sa naissance ; ses miracles et les plus petites circonstances de sa passion et de sa mort ; sa résurrection et son ascension au ciel ; son royaume spirituel, universel et perpétuel, qui est la sainte Église catholique.

Quelles sont les principales figures du Rédempteur dans l'Ancien Testament ?

Les principales figures du Rédempteur dans l'Ancien Testament sont l'innocent Abel, le grand prêtre Melchisédech, le sacrifice d'Isaac, Joseph vendu par ses frères, le prophète Jonas, l'agneau pascal et le serpent d'airain élevé par Moïse dans le désert.

Comment savons-nous que Jésus-Christ est vraiment Dieu ?

Nous savons que Jésus-Christ est vraiment Dieu :

1 par le témoignage du Père disant : " Celui-ci est mon Fils bien-aimé en qui j'ai mis toutes mes complaisances : écoutez-le ; "

2 par l'attestation de Jésus-Christ lui-même confirmée par les plus étonnants miracles ;
3 par l'enseignement des Apôtres ;
4 par la tradition constante de l'Église catholique.
Quels sont les principaux miracles opérés par Jésus-Christ ?
Les principaux miracles opérés par Jésus-Christ sont, outre sa propre résurrection, la santé rendue aux malades, la vue aux aveugles, l'ouïe aux sourds, la vie aux morts.

LE TROISIÈME ARTICLE.

Que nous enseigne le troisième article : Qui a été conçu du Saint-Esprit, est né de la Vierge Marie ?

Le troisième article du Credo nous enseigne que le Fils de Dieu a pris un corps et une âme comme les nôtres, dans le sein très pur de la Sainte Vierge Marie, par l'opération du Saint-Esprit, et qu'il est né de cette Vierge.

Le Père et le Fils concoururent-ils eux aussi à former le corps et à créer l'âme de Jésus-Christ ?

Oui, les trois Personnes divines concoururent à former le corps et à créer l'âme de Jésus-Christ.

Pourquoi dit-on seulement : a été conçu du Saint-Esprit ?

On dit seulement : a été conçu du Saint-Esprit, parce que l'incarnation du Fils de Dieu est une œuvre de bonté et d'amour, et que les œuvres de bonté et d'amour sont attribuées au Saint-Esprit.

Le Fils de Dieu en se faisant homme a-t-il cessé d'être Dieu ?

Non, le Fils de Dieu s'est fait homme sans cesser d'être Dieu.

Jésus-Christ est donc Dieu et homme tout ensemble ?

Oui, le Fils de Dieu incarné, c'est-à-dire Jésus-Christ est Dieu et homme tout ensemble, Dieu parfait et homme parfait.

Il y a donc en Jésus-Christ deux natures ?

Oui, en Jésus-Christ, qui est Dieu et homme, il y a deux natures : la nature divine et la nature humaine.

Y a-t-il aussi en Jésus-Christ deux personnes : la personne divine et la personne humaine ?

Non, dans le Fils de Dieu fait homme, il n'y a qu'une seule personne, la personne divine.

Combien y a-t-il de volontés en Jésus-Christ ?

En Jésus-Christ il y a deux volontés, l'une divine et l'autre humaine.

Jésus-Christ avait-il une volonté libre ?

Oui, Jésus-Christ avait une volonté libre, mais il ne pouvait pas faire le mal, parce que pouvoir faire le mal est un défaut, non une perfection de la liberté.

Le Fils de Dieu et le Fils de Marie sont-ils la même personne ?

Le Fils de Dieu et le Fils de Marie sont la même personne, c'est-à-dire Jésus-Christ, vrai Dieu et vrai homme.

La Vierge Marie est-elle Mère de Dieu ?

Oui, la Vierge Marie est Mère de Dieu, parce qu'elle est la Mère de Jésus-Christ qui est Dieu.

Comment Marie devint-elle la Mère de Jésus-Christ ?

Marie devint la Mère de Jésus-Christ uniquement par l'opération et la vertu du Saint-Esprit.

Est-il de foi que Marie fut toujours Vierge ?

Oui, il est de foi que Marie fut toujours Vierge et elle est appelée la Sainte Vierge, la Vierge par excellence.

LE QUATRIÈME ARTICLE.

Que nous enseigne le quatrième article : A souffert sous Ponce Pilate, a été crucifié, est mort et a été enseveli ?

Le quatrième article du Credo nous enseigne que Jésus-Christ, pour racheter le monde par son Sang précieux, souffrit sous Ponce Pilate, gouverneur de la Judée, et mourut sur le bois de la croix d'où il fut descendu pour être enseveli.

Que veulent dire les mots : a souffert ?

Les mots a souffert expriment toutes les peines souffertes par Jésus-Christ dans sa passion.

Jésus-Christ a-t-il souffert comme Dieu ou comme homme ?

Jésus-Christ a souffert comme homme seulement, parce que comme Dieu il ne pouvait ni souffrir ni mourir.

Quelle sorte de supplice était celui de la croix ?

Le supplice de la croix était alors le plus cruel et le plus ignominieux de tous les supplices.

Qui est-ce qui condamna Jésus-Christ à être crucifié ?

Celui qui condamna Jésus-Christ à être crucifié fut Ponce Pilate, gouverneur de la Judée, qui avait reconnu son innocence, mais qui céda honteusement à l'insistance menaçante du peuple de Jérusalem.

Jésus-Christ n'aurait-il pas pu se délivrer des mains des Juifs et de Pilate ?

Oui, Jésus-Christ aurait pu se délivrer des mains des Juifs et de Pilate ; mais, sachant que la volonté de son Père Éternel était qu'il souffrît et mourût pour notre salut, il s'y soumit volontairement, et même il alla Lui-même au-devant de ses ennemis et se laissa spontanément prendre et conduire à la mort.

Où fut crucifié Jésus-Christ ?

Jésus-Christ fut crucifié sur le mont du Calvaire.

Que fit Jésus-Christ sur la croix ?

Jésus-Christ sur la croix pria pour ses ennemis ; donna pour mère au disciple saint Jean et, en sa personne, à nous tous sa propre Mère la Très Sainte Vierge ; offrit sa mort en sacrifice et satisfit à la justice de Dieu pour les péchés des hommes.

N'aurait-il pas suffi qu'un Ange vînt satisfaire pour nous ?

Non, il n'aurait pas suffi qu'un Ange vînt satisfaire pour nous, parce que l'offense faite à Dieu par le péché était, à un certain point de vue, infinie, et il fallait pour la réparer une personne d'un mérite infini.

Pour satisfaire à la divine Justice était-il nécessaire que Jésus-Christ fût Dieu et homme tout ensemble ?

Oui, il fallait que Jésus-Christ fût homme pour pouvoir souffrir et mourir, et il fallait qu'il fût Dieu pour que ses souffrances eussent une valeur infinie.

Pourquoi était-il nécessaire que les mérites de Jésus-Christ fussent d'une valeur infinie ?

Il était nécessaire que les mérites de Jésus-Christ fussent d'une valeur infinie, parce que la majesté de Dieu, offensée par le péché, est infinie.

Etait-il nécessaire que Jésus souffrît autant ?

Non, il n'était pas absolument nécessaire que Jésus souffrît autant, parce que la moindre de ses souffrances aurait été suffisante pour notre Rédemption, chacun de ses actes ayant une valeur infinie.

Pourquoi donc Jésus voulut-il tant souffrir ?

Jésus voulut tant souffrir pour satisfaire plus abondamment à la divine Justice, pour nous montrer encore plus son amour et pour nous inspirer une plus grande horreur du péché.

Arriva-t-il des prodiges à la mort de Jésus ?

Oui, à la mort de Jésus le soleil s'obscurcit, la terre trembla, les sépulcres s'ouvrirent et beaucoup de morts ressuscitèrent.

Où fut enseveli le corps de Jésus-Christ ?

Le corps de Jésus-Christ fut enseveli dans un sépulcre nouveau, creusé dans le rocher non loin du lieu où il avait été crucifié.

Dans la mort de Jésus-Christ, la divinité se sépare-t-elle de son corps et de son âme ?

Dans la mort de Jésus-Christ la divinité ne se sépara ni du corps ni de l'âme ; il y eut seulement séparation de l'âme et du corps.

Pour qui est mort Jésus-Christ ?

Jésus-Christ est mort pour le salut de tous les hommes et il a satisfait pour tous.

Si Jésus-Christ est mort pour le salut de tous, pourquoi tous ne sont-ils pas sauvés ?

Jésus-Christ est mort pour le salut de tous et tous ne sont pas sauvés parce que tous ne veulent pas le reconnaître, tous n'observent pas sa loi, tous ne se servent pas des moyens de sanctification qu'il nous a laissés.

Pour être sauvés, suffit-il que Jésus-Christ soit mort pour nous ?

Pour être sauvés, il ne suffit pas que Jésus-Christ soit mort pour nous ; il est nécessaire qu'à chacun de nous soient appliqués le fruit et les mérites de sa passion et de sa mort, application qui se fait surtout par les sacrements que Jésus-Christ lui-même a institués dans ce but. Et comme beaucoup ou ne reçoivent pas les sacrements ou les reçoivent mal, ils rendent inutile pour eux la mort de Jésus-Christ.

LE CINQUIÈME ARTICLE.

Que nous enseigne le cinquième article : Est descendu aux enfers, le troisième jour est ressuscité d'entre les morts ?

Le cinquième article du Credo nous enseigne que l'âme de Jésus-Christ, une fois séparée de son corps, alla dans les Limbes, et que, le troisième jour, elle s'unit de nouveau à son corps pour n'en être jamais plus séparée.

Qu'entend-on par enfers ?

On entend ici par enfers les Limbes, c'est-à-dire le lieu où étaient les âmes des justes en attendant la Rédemption de Jésus-Christ.

Pourquoi les âmes des justes ne furent-elles pas introduites dans le paradis avant la mort de Jésus-Christ ?

Les âmes des justes ne furent pas introduites dans le paradis avant la mort de Jésus-Christ, parce que le paradis avait été fermé par le péché d'Adam et qu'il convenait que Jésus-Christ, dont la mort le rouvrait, fût le premier à y entrer.

Pourquoi Jésus-Christ voulut-il retarder sa résurrection jusqu'au troisième jour ?

Jésus-Christ voulut retarder sa résurrection jusqu'au troisième jour pour manifester avec évidence qu'il était vraiment mort.

La résurrection de Jésus-Christ fut-elle semblable à celle des autres hommes ressuscités ?

Non, la résurrection de Jésus-Christ ne fut pas semblable à celle des autres hommes ressuscités, parce que Jésus-Christ ressuscita par sa propre puissance, et que les autres furent ressuscités par la puissance de Dieu.

LE SIXIÈME ARTICLE.

Que nous enseigne le sixième article : Est monté aux cieux, est assis à la droite de Dieu, le Père tout-puissant ?

Le sixième article du Credo nous enseigne que Jésus-Christ, quarante jours après sa résurrection, monta au ciel par sa propre puissance, en présence de ses disciples, et que, étant comme Dieu égal à son Père, il a été comme homme élevé au-dessus de tous les Anges et de tous les Saints et établi le Seigneur de toutes choses.

Pourquoi Jésus-Christ, après sa résurrection resta-t-il, quarante jours sur la terre avant de monter au ciel ?

Jésus-Christ après sa résurrection resta quarante jours sur la terre avant de monter au ciel, pour prouver par diverses apparitions qu'il était vraiment ressuscité, et pour instruire toujours davantage et confirmer les Apôtres dans les vérités de la foi.

Pourquoi Jésus-Christ est-il monté au ciel ?

Jésus-Christ est monté au ciel :

1 pour prendre possession du royaume qu'il avait mérité par sa mort ;

2 pour préparer notre place dans la gloire et être notre Médiateur et notre Avocat auprès de son Père ;

3 pour envoyer le Saint-Esprit à ses Apôtres.

Pourquoi dit-on de Jésus-Christ qu'il monta au ciel et de sa très sainte Mère qu'elle y fut élevée ?

On dit de Jésus-Christ qu'il monta au ciel et de sa très sainte Mère qu'elle y fut élevée, parce que Jésus-Christ, étant Homme-Dieu, monta au ciel par sa propre puissance, tandis que sa Mère qui était une créature, bien que la plus digne de toutes, monta au ciel par la puissance de Dieu.

Expliquez les mots : est assis à la droite de Dieu le Père tout-puissant ?

Les mots : " est assis ", signifient la possession pacifique que Jésus-Christ a de la gloire, et les mots : " à la droite de Dieu le Père tout-puissant ", expriment qu'il a une place d'honneur au-dessus de toutes les créatures.

8

LE SEPTIÈME ARTICLE.

Que nous enseigne le septième article : *D'où il viendra juger les vivants et les morts ?*

Le septième article du Credo nous enseigne qu'à la fin du monde Jésus-Christ, plein de gloire et de majesté, viendra du ciel pour juger tous les hommes, bons et mauvais, et pour donner à chacun la récompense ou le châtiment qu'il aura mérité.

Si chacun, aussitôt après la mort, doit être jugé par Jésus-Christ dans le jugement particulier, pourquoi devons-nous tous être jugés dans le jugement général ?

Nous devons tous être jugés dans le jugement général pour plusieurs raisons :

1 pour la gloire de Dieu ;
2 pour la gloire de Jésus-Christ ;
3 pour la gloire des Saints ;
4 pour la confusion des méchants ;
5 enfin pour que le corps ait avec l'âme la sentence de récompense ou de châtiment.

Au jugement général comment sera manifestée la gloire de Dieu ?

Au jugement général, la gloire de Dieu sera manifestée parce que tous connaîtront avec quelle justice Dieu gouverne le monde, bien que parfois maintenant on voie les bons dans l'affliction et les méchants dans la prospérité.

Au jugement général comment sera manifestée la gloire de Jésus-Christ ?

Au jugement général, la gloire de Jésus-Christ sera manifestée parce qu'après avoir été injustement condamné par les hommes, il paraîtra alors à la face de tous comme le Juge suprême de tous les hommes.

Au jugement général comment sera manifestée la gloire des saints ?

Au jugement général, la gloire des Saints sera manifestée parce que beaucoup d'entre eux qui moururent méprisés par les méchants seront glorifiés en présence de tout le monde.

Au jugement général quelle sera la confusion pour les méchants ?

Au jugement général, la confusion des méchants sera très grande, surtout pour ceux qui opprimèrent les justes et pour ceux qui cherchèrent pendant leur vie à être estimés des hommes vertueux et bons, parce qu'ils verront manifestés à tout le monde les péchés qu'ils commirent, même les plus secrets.

9

LE HUITIÈME ARTICLE.

Que nous enseigne le huitième article : *Je crois au Saint-Esprit ?*
Le huitième article du Credo nous enseigne qu'il y a un Esprit Saint, troisième Personne de la très sainte Trinité, qu'il est Dieu éternel, infini, tout-puissant, Créateur et Seigneur de toutes choses, comme le Père et le Fils.

De qui procède le Saint-Esprit ?
Le Saint-Esprit procède du Père et du Fils comme d'un seul principe par voie de volonté et d'amour.

Si le Fils procède du Père et si le Saint-Esprit procède du Père et du Fils, il semble que le Père et le Fils soient antérieurs au Saint-Esprit : comment dit-on alors que les trois Personnes sont éternelles ?
On dit que les trois Personnes sont éternelles parce que le Père engendre le Fils ab æterno (de toute éternité) et que le Saint-Esprit procède aussi ab æterno du Père et du Fils.

Pourquoi la troisième Personne de la très sainte Trinité est-elle appelée spécialement du nom de Saint-Esprit ?
La troisième Personne de la Très Sainte Trinité est appelée spécialement du nom de Saint-Esprit parce qu'elle procède du Père et du Fils par voie d'amour et de spiration (Latin spiratio, de spirare, souffler, respirer : le Saint-Esprit est comme le souffle du Père et du Fils.)

Quelle est l'œuvre attribuée spécialement au Saint Esprit ?
L'œuvre attribuée spécialement au Saint-Esprit est la sanctification des âmes.

Le Père et le Fils nous sanctifient-ils comme le Saint Esprit ?
Oui, les trois Personnes divines nous sanctifient également.
S'il en est ainsi, Pourquoi la sanctification des âmes est-elle attribuée spécialement au Saint-Esprit ?
La sanctification des âmes est attribuée spécialement au Saint-Esprit parce qu'elle est une œuvre d'amour et que les œuvres d'amour sont attribuées au Saint-Esprit.
Quand le Saint-Esprit est-il descendu sur les Apôtres ?
Le Saint-Esprit descendit sur les Apôtres le jour de la Pentecôte, c'est-à-dire cinquante jours après la Résurrection de Jésus-Christ et dix jours après son Ascension.
Où étaient les Apôtres pendant les dix jours qui précédèrent la Pentecôte ?
Les Apôtres étaient réunis dans le Cénacle en compagnie de la Sainte Vierge et des autres disciples, et ils persévéraient dans la prière, attendant l'Esprit Saint que Jésus-Christ leur avait promis.
Quels effets produisit le Saint-Esprit dans les Apôtres ?
Le Saint-Esprit confirma les Apôtres dans la foi, les remplit de lumière, de force, de charité et de l'abondance de tous ses dons.
Le Saint-Esprit a-t-il été envoyé pour les seuls Apôtres ?
Le Saint-Esprit a été envoyé pour toute l'Église et pour chaque âme fidèle.
Quels effets produit le Saint-Esprit dans l'Église ?
Le Saint-Esprit, comme l'âme dans le corps, vivifie l'Église par sa grâce et par ses dons ; il y établit le règne de la vérité et de l'amour ; il l'assiste pour qu'elle conduise sûrement ses fils dans la voie du ciel.

10

LE NEUVIÈME ARTICLE.

§ 1. L'Église en général.

Que nous enseigne le neuvième article : La sainte Église catholique, la communion des saints ?

Le neuvième article du Credo nous enseigne, que Jésus-Christ a fondé sur la terre une société visible qui s'appelle l'Église catholique et que tous ceux qui font partie de cette Église sont en communion entre eux.

Pourquoi après l'article qui traite du Saint-Esprit parle-t-on immédiatement de l'Église catholique ?

Après l'article qui traite du Saint-Esprit, on parle immédiatement de l'Église catholique pour indiquer que toute la sainteté de cette Église dérive de l'Esprit Saint qui est la source de toute sainteté.

Que veut dire ce mot Église ?

Le mot Église veut dire convocation ou réunion de personnes nombreuses.

Qui nous a convoqués ou appelés à l'Église de Jésus-Christ ?

Nous avons été appelés à l'Église de Jésus-Christ par une grâce particulière de Dieu, afin qu'avec la lumière de la foi et par l'observation de la loi divine nous lui rendions le culte qui lui est dû et nous parvenions à la vie éternelle.

Où se trouvent les membres de l'Église ?

Les membres de l'Église se trouvent partie au ciel, et ils forment l'Église triomphante ; partie au purgatoire et ils forment l'Église souffrante ; partie sur la terre, et ils forment l'Église militante.

Ces diverses parties de l'Église constituent-elles une seule Église ?

Oui, ces diverses parties de l'Église constituent une seule Église et un seul corps, parce qu'elles ont le même chef qui est Jésus-Christ, le même esprit qui les anime et les unit, et la même fin qui est la félicité éternelle dont les uns jouissent déjà et que les autres attendent.

A quelle partie de l'Église se rapporte surtout ce neuvième article ?

Ce neuvième article du Credo se rapporte surtout à

l'Église militante, qui est l'Église dans laquelle nous sommes actuellement.

§ 2. L'Église en particulier.

Qu'est-ce que l'Église catholique ?

L'Église catholique est la société ou la réunion de tous les baptisés qui, vivant sur la terre, professent la même foi et la même loi de Jésus-Christ, participent aux mêmes sacrements et obéissent aux pasteurs légitimes, principalement au Pontife Romain.

Dites précisément ce qui est nécessaire pour être membre de l'Église ?

Pour être membre de l'Église, il est nécessaire d'être baptisé, de croire et professer la doctrine de Jésus-Christ, de participer aux mêmes sacrements, de reconnaître le Pape et les autres Pasteurs légitimes de l'Église

Quels sont les Pasteurs légitimes de l'Église ?

Les Pasteurs légitimes de l'Église sont le Pontife Romain, c'est-à-dire le Pape, qui est le Pasteur universel, et les Évêques De plus, les autres prêtres et spécialement les curés ont, sous la dépendance des Évêques et du Pape, leur part de l'office de pasteurs.

Pourquoi dites-vous que le Pontife Romain est le Pasteur universel de l'Église ?

Parce que Jésus-Christ dit à saint Pierre le premier Pape : " Tu es Pierre, et sur cette pierre je bâtirai mon Église, et je te donnerai les clefs du royaume des cieux, et tout ce que tu lieras sur la terre sera aussi lié dans le ciel, et tout ce que tu délieras sur la terre sera aussi délié dans le ciel. " Et il lui dit encore : " Pais mes agneaux, pais mes brebis. "

Tant de sociétés d'hommes baptisés qui ne reconnaissent pas le Pontife Romain pour leur chef n'appartiennent donc pas à l'Église de Jésus-Christ ?

Non, tous ceux qui ne reconnaissent pas le Pontife Romain pour leur chef n'appartiennent pas à l'Église de Jésus-Christ.

Comment peut-on distinguer l'Église de Jésus-Christ de tant de sociétés ou sectes fondées par les hommes et qui se disent chrétiennes ?

On peut distinguer la véritable Église de Jésus-Christ de tant de sociétés ou sectes fondées par les hommes et qui se disent chrétiennes, à quatre marques : elle est Une, Sainte, Catholique et Apostolique.

Pourquoi dites-vous que l'Église est Une ?

Je dis que la véritable Église est Une, parce que ses fils, à quelque temps et à quelque lieu qu'ils appartiennent, sont unis entre eux dans la même foi, le même culte, la même loi et la participation aux mêmes sacrements, sous un même chef visible, le Pontife Romain.

Ne pourrait-il pas y avoir plusieurs Églises ?

Non, il ne peut y avoir plusieurs Églises parce que, de même qu'il n'y a qu'un seul Dieu, une seule Foi et un seul Baptême, il n'y a et il ne peut y avoir qu'une seule véritable Église.

Mais n'appelle-t-on pas aussi Églises l'ensemble des fidèles d'une nation ou d'un. diocèse ?

On appelle aussi Églises l'ensemble des fidèles d'une nation ou d'un diocèse, mais ce sont toujours des portions de l'Église universelle et elles forment avec elle une seule Église

Pourquoi dites-vous que la véritable Église est Sainte ?

Je dis que la véritable Église est Sainte parce que Jésus-Christ, son chef invisible, est saint, que beaucoup de ses membres sont saints, que sa foi, sa loi, ses sacrements sont saints et qu'en dehors d'elle il n'y a pas et il ne peut pas y avoir de véritable sainteté.

Pourquoi appelez-vous l'Église Catholique ?

J'appelle la véritable Église Catholique, ce qui veut dire universelle, parce qu'elle embrasse les fidèles de tous les temps et de tous les lieux, de tout âge et de toute condition, et que tous les hommes du monde sont appelés à en faire partie.

Pourquoi appelle-t-on encore l'Église Apostolique ?

On appelle encore la véritable Église Apostolique, parce qu'elle remonte sans interruption jusqu'aux Apôtres ; et parce qu'elle croit et enseigne tout ce qu'ont cru et enseigné les Apôtres ; et parce qu'elle est dirigée et gouvernée par leurs légitimes successeurs.

Et pourquoi appelle-t-on encore la véritable Église " Église Romaine " ?

On appelle encore la véritable Église " Église Romaine ", parce que les quatre caractères de l'unité, de la sainteté, de la catholicité et de l'apostolicité ne se rencontrent que dans l'Église qui reconnaît pour chef l'Évêque de Rome, successeur de saint Pierre.

Comment est constituée l'Église de Jésus-Christ ?

L'Église de Jésus-Christ est constituée comme une société vraie et parfaite. En elle, comme dans une personne morale, on peut distinguer un corps et une âme.

En quoi consiste l'âme de l'Église ?

L'âme de l'Église consiste en ce qu'elle a d'intérieur et de spirituel, c'est-à-dire la foi, l'espérance, la charité, les dons de la grâce et de l'Esprit Saint et tous les trésors célestes qui en sont dérivés par les mérites du Christ Rédempteur et des Saints.

Et le corps de l'Église, en quoi consiste-t-il ?

Le corps de l'Église consiste en ce qu'elle a de visible et d'extérieur, comme l'association de ses fidèles, son culte, son ministère d'enseignement, son organisation extérieure et son gouvernement.

Suffit-il pour être sauvé d'être un membre quelconque de l'Église catholique ?

Non, il ne suffit pas pour être sauvé d'être un membre quelconque de l'Église catholique, il faut en être un membre vivant.

Quels sont les membres vivants de l'Église ?

Les membres vivants de l'Église sont tous les justes et eux seuls, c'est-à-dire ceux qui sont actuellement en état de grâce.

Et quels en sont les membres morts ?

Les membres morts de l'Église sont les fidèles qui se trouvent en état de péché mortel.

Peut-on se sauver en dehors de l'Église Catholique, Apostolique, Romaine ?

Non, hors de l'Église Catholique, Apostolique, Romaine, nul ne peut se sauver, comme nul ne put se sauver du déluge hors de l'Arche de Noé qui était la figure de cette Église

Comment donc se sont sauvés les anciens Patriarches, les Prophètes et tous les autres justes de l'Ancien Testament ?

Tous les justes de l'Ancien Testament se sont sauvés en vertu de la foi qu'ils avaient au Christ à venir et par cette foi ils appartenaient déjà spirituellement à l'Église

Mais celui qui, sans qu'il y ait de sa faute, se trouverait hors de l'Église, pourrait-il être sauvé ?

Celui qui, se trouvant hors de l'Église sans qu'il y ait de sa faute ou de bonne foi, aurait reçu le Baptême ou en aurait le désir au moins implicite ; qui chercherait en outre sincèrement la vérité et accomplirait de son mieux la volonté de Dieu, bien que séparé du corps de l'Église, serait uni à son âme et par suite dans la voie du salut.

Et celui qui, tout en étant membre de l'Église catholique, n'en mettrait pas en pratique les enseignements, serait-il sauvé ?

Celui qui, tout en étant membre de l'Église catholique, n'en mettrait pas en pratique les enseignements, serait un membre mort de l'Église et, par suite, ne serait pas sauvé, parce que pour le salut d'un adulte il faut non seulement le Baptême et la foi, mais encore les œuvres conformes à la foi.

Sommes-nous obligés de croire toutes les vérités que l'Église nous enseigne ?

Oui, nous sommes obligés de croire toutes les vérités que l'Église nous enseigne, et Jésus-Christ a déclaré que celui qui ne croit pas est déjà condamné.

Sommes-nous aussi obligés de faire tout ce que l'Église nous commande ?

Oui, nous sommes obligés de faire tout ce que l'Église nous commande, car Jésus-Christ a dit aux pasteurs de l'Église : " Qui vous écoute, m'écoute, et qui vous méprise me méprise. "

L'Église peut-elle se tromper en ce qu'elle nous propose de croire ?

Non, dans ce qu'elle nous propose de croire, l'Église ne peut pas se tromper parce que, selon la promesse de Jésus-Christ, elle est toujours assistée par le Saint-Esprit.

L'Église catholique est donc infaillible ?

Oui, l'Église catholique est infaillible. Aussi, ceux qui rejettent ses définitions perdent la foi et deviennent hérétiques.

L'Église catholique peut-elle être détruite ou périr ?

Non ; l'Église catholique peut être persécutée, mais elle ne peut être détruite ni périr. Elle durera jusqu'à la fin du monde parce que, jusqu'à la fin du monde, Jésus-Christ sera avec elle, comme il l'a promis.

Pourquoi l'Église catholique est-elle tant persécutée ?

L'Église catholique est tant persécutée parce que son divin Fondateur fut aussi persécuté et parce qu'elle réprouve les vices, combat les passions et condamne toutes les injustices et toutes les erreurs.

Les catholiques ont-ils encore d'autres devoirs envers l'Église ?

Tout chrétien doit avoir pour l'Église un amour sans limites, se regarder comme heureux et infiniment honoré de lui appartenir, et travailler à sa gloire et à son accroissement par tous les moyens qui sont en son pouvoir.

§ 3. L'Église enseignante et l'Église enseignée.

N'y a-t-il aucune distinction entre les membres qui composent l'Église ?

Entre les membres qui composent l'Église, il y a une distinction très importante, car il y a ceux qui commandent et ceux qui obéissent, ceux qui enseignent et ceux qui sont enseignés.

Comment s'appelle la partie de l'Église qui enseigne ?

La partie de l'Église qui enseigne s'appelle Église enseignante.

Et la partie qui est enseignée, comment s'appelle-t-elle ?
La partie de l'Église qui est enseignée s'appelle Église enseignée.
Qui a établi cette distinction dans l'Église ?
Cette distinction dans l'Église a été établie par Jésus-Christ lui-même.
L'Église enseignante et l'Église enseignée sont donc deux Églises distinctes ?
L'Église enseignante et l'Église enseignée sont deux parties distinctes d'une seule et même Église, comme dans le corps humain la tête est distincte des autres membres, et cependant forme avec eux un corps unique.
De qui se compose l'Église enseignante ?
L'Église enseignante se compose de tous les Évêques, soit dispersés dans l'univers, soit réunis en concile, avec, à leur tête, le Pontife Romain.
Et l'Église enseignée de qui est-elle composée ?
L'Église enseignée est composée de tous les fidèles.
Quelles sont donc les personnes qui ont dans l'Église le pouvoir d'enseigner ?
Ceux qui ont dans l'Église le pouvoir d'enseigner sont le Pape et les Évêques, et, sous leur dépendance, les autres ministres sacrés.
Sommes-nous obligés d'écouter l'Église enseignante ?
Oui, sans aucun doute, nous sommes tous obligés d'écouter l'Église enseignante sous peine de damnation éternelle, car Jésus-Christ a dit aux Pasteurs de l'Église, en la personne des Apôtres : " Qui vous écoute, m'écoute, et qui vous méprise me méprise. "
En dehors de l'autorité d'enseigner, l'Église a-t-elle quelque autre pouvoir ?
Oui, en dehors de l'autorité d'enseigner, l'Église a spécialement le pouvoir d'administrer les choses saintes, de faire les lois et d'en exiger l'observation.
Le pouvoir qu'ont les membres de la hiérarchie ecclésiastique vient-il du peuple ?
Le pouvoir qu'ont les membres de la hiérarchie ecclésiastique ne vient pas du peuple, et ce serait une hérésie de le dire : il vient uniquement de Dieu.
A qui appartient l'exercice de ces pouvoirs ?
L'exercice de ces pouvoirs appartient uniquement au corps hiérarchique, c'est-à-dire au Pape et aux évêques qui lui sont soumis.

§ 4. Pape et Évêques

Qu'est-ce que le Pape ?
Le Pape que nous appelons aussi le Souverain Pontife, ou encore le

Pontife Romain, est le successeur de saint Pierre sur le siège de Rome, le Vicaire de Jésus-Christ sur la terre et le chef visible de l'Église

Pourquoi le Pontife Romain est-il le successeur de saint pierre ?

Le Pontife Romain est le successeur de saint Pierre, parce que saint Pierre réunit en sa personne la dignité d'Évêque de Rome et de chef de l'Église, et que par un dessein de la Providence il établit son siège à Rome et y mourut Aussi celui qui est élu Évêque de Rome est aussi l'héritier de toute son autorité.

Pourquoi le Pontife Romain est-il le Vicaire de Jésus-Christ ?

Le Pontife Romain est le Vicaire de Jésus-Christ parce qu'il le représente sur la terre et qu'il tient sa place dans le gouvernement de l'Église

Pourquoi le Pontife Romain est-il le chef visible de l'Église ?

Le Pontife Romain est le chef visible de l'Église, parce qu'il la dirige visiblement avec l'autorité même de Jésus-Christ qui en est le chef invisible.

Quelle est donc la dignité du Pape ?

La dignité du Pape est la plus grande de toutes les dignités de la terre, et elle lui donne un pouvoir suprême et immédiat sur tous les Pasteurs et les fidèles.

Le Pape peut-il se tromper en enseignant l'Église ?

Le Pape ne peut pas se tromper, il est infaillible dans les définitions qui regardent la foi et les mœurs.

Pour quel motif le Pape est-il infaillible ?

Le Pape est infaillible à cause de la promesse de Jésus-Christ et de l'assistance continuelle du Saint-Esprit.

Quand est-ce que le Pape est infaillible ?

Le Pape est infaillible seulement lorsque, en sa qualité de Pasteur et de Docteur de tous les chrétiens, en vertu de sa suprême autorité apostolique, il définit, pour être tenue par toute l'Église, une doctrine concernant la foi et les mœurs.

Quel péché commettrait celui qui ne croirait pas aux définitions solennelles du Pape ?

Celui qui ne croirait pas aux définitions solennelles du Pape ou même simplement en douterait, pécherait contre la foi, et s'il s'obstinait dans cette incrédulité, il ne serait plus catholique, mais hérétique.

Dans quel but Dieu a-t-il concédé au Pape le don de l'infaillibilité ?

Dieu a concédé au Pape le don de l'infaillibilité afin que nous soyons tous sûrs et certains de la vérité que l'Église enseigne.

Quand fut-il défini que le Pape est infaillible ?

L'infaillibilité du Pape fut définie par l'Église au Concile du Vatican, et si quelqu'un osait contredire cette définition, il serait hérétique et excommunié.

L'Église en définissant l'infaillibilité du Pape, a-t-elle établi une nouveauté dans la foi ?

Non, en définissant que le Pape est infaillible, l'Église n'a point établi une nouveauté dans la foi ; mais, pour s'opposer à de nouvelles erreurs, elle a défini que l'infaillibilité du Pape, contenue déjà dans l'Écriture Sainte et dans la Tradition, est une vérité révélée de Dieu et que, par conséquent, il faut la croire comme un dogme ou un article de foi.

Comment tout catholique doit-il se comporter à l'égard du Pape ?

Tout catholique doit reconnaître le Pape comme le Père, le Pasteur et le Docteur universel, et lui demeurer uni d'esprit et de cœur.

Après le Pape, quels sont, en vertu de l'institution divine, les personnages les plus vénérables dans l'Église ?

Après le Pape, en vertu de l'institution divine, les personnages les plus vénérables dans l'Église sont les Évêques

Que sont les Évêques ?

Les Évêques sont les pasteurs des fidèles, établis par l'Esprit Saint pour gouverner l'Église de Dieu sur les sièges qui leur sont confiés, sous la dépendance du Pontife Romain.

Qu'est l'Évêque dans son propre diocèse ?

Dans son propre diocèse, l'Évêque est le Pasteur légitime, le Père, le Docteur, le supérieur de tous les fidèles, ecclésiastiques et laïques, qui appartiennent à ce diocèse.

Pourquoi l'Évêque est-il appelé le Pasteur légitime ?

L'Évêque est appelé le Pasteur légitime parce que la juridiction, c'est-à-dire le pouvoir qu'il a de gouverner les fidèles de son propre diocèse lui a été conféré selon les règles et les lois de l'Église

De qui le Pape et les Évêques sont-ils les successeurs ?

Le Pape est le successeur de saint Pierre, Prince des Apôtres, et les évêques sont les successeurs des Apôtres, en ce qui regarde le gouvernement ordinaire de l'Église

Le fidèle doit-il rester uni avec son Évêque ?

Oui, tout fidèle, ecclésiastique et laïque, doit rester uni de cœur et d'esprit avec son Évêque, en grâce et en communion avec le Siège Apostolique.

Comment le fidèle doit-il se comporter avec son Évêque ?

Tout fidèle, ecclésiastique et laïque, doit respecter, aimer et honorer son Évêque et lui prêter obéissance en tout ce qui se rapporte au soin des âmes et au gouvernement spirituel du diocèse.

Quels sont les auxiliaires de l'Évêque dans le soin des âmes ?

Les auxiliaires de l'Évêque dans le soin des âmes sont les prêtres et principalement les curés.

Qu'est-ce que le curé ?

Le curé est un prêtre délégué pour être à la tête d'une portion du diocèse appelée paroisse, et pour la diriger sous la dépendance de l'Évêque

Quels devoirs ont les fidèles envers leur curé ?

Les fidèles doivent se tenir unis à leur curé, l'écouter docilement et lui témoigner respect et soumission en tout ce qui regarde le soin de la paroisse.

§ 5. La communion des saints.

Que nous enseigne le neuvième article du Credo par ces mots : la communion des saints ?

Par ces mots : la communion des saints, le neuvième article du Credo nous enseigne que dans l'Église, en vertu de l'union intime qui existe entre tous ses membres, tous les biens spirituels tant intérieurs qu'extérieurs qui leur appartiennent sont communs.

Quels sont dans l'Église les biens intérieurs communs ?

Dans l'Église, les biens intérieurs communs sont : la grâce reçue dans les sacrements, la foi, l'espérance, la charité, les mérites infinis de Jésus-Christ, les mérites surabondants de la Sainte Vierge et des Saints et le fruit de toutes les bonnes œuvres qui se font dans l'Église

Quels sont les biens extérieurs communs dans l'Église ?

Les biens extérieurs communs dans l'Église sont : les sacrements, le sacrifice de la sainte Messe, les prières publiques, les cérémonies religieuses et toutes les autres pratiques extérieures qui unissent ensemble les fidèles.

Est-ce que tous les fils de l'Église entrent dans cette communion de biens ?

Dans la communion des biens intérieurs entrent seulement les chrétiens qui sont en état de grâce ; ceux qui sont en état de péché mortel ne participent pas à tous ces biens.

Pourquoi ceux qui sont en état de péché mortel ne participent-ils pas à tous ces biens ?

Parce que c'est la grâce de Dieu, vie surnaturelle de l'âme, qui unit les fidèles à Dieu et à Jésus-Christ comme ses membres vivants et qui les rend capables de faire des œuvres méritoires de la vie éternelle ; et parce que ceux qui se trouvent en état de péché mortel, n'ayant pas la grâce de Dieu, sont exclus de la communion parfaite des biens spirituels et ne peuvent faire des œuvres méritoires de la vie éternelle.

Les chrétiens qui sont en état de péché mortel ne retirent donc aucun avantage des biens intérieurs et spirituels de l'Église ?

Les chrétiens qui sont en état de péché mortel retirent encore quelque avantage des biens intérieurs et spirituels de l'Église parce que, conservant le caractère du chrétien, qui est indélébile, et la vertu de la Foi qui est la racine de toute justification, ils sont aidés par les prières et les bonnes œuvres des fidèles à obtenir la grâce de la conversion.

Ceux qui sont en état de péché mortel peuvent-ils participer aux biens extérieurs de l'Église ?

Ceux qui sont en état de péché mortel peuvent participer aux biens extérieurs de l'Église, pourvu qu'ils ne soient pas séparés de l'Église par l'excommunication.

Pourquoi les membres de cette communion sont-ils, dans leur ensemble, appelés saints ?

Les membres de cette communion sont appelés saints, parce que tous sont appelés à la sainteté, que tous ont été sanctifiés par le Baptême et que beaucoup parmi eux sont déjà parvenus à la parfaite sainteté.

La communion des saints s'étend-elle aussi au ciel et au purgatoire ?

Oui, la communion des Saints s'étend aussi au ciel et au purgatoire, parce que la charité unit les trois Églises : triomphante, souffrante et militante ; et les Saints prient Dieu pour nous et pour les âmes du purgatoire, et nous-mêmes nous rendons gloire et honneur aux Saints et nous pouvons soulager les âmes du purgatoire en appliquant en leur faveur messes, aumônes, indulgences et autres bonnes œuvres.

§ 6. Ceux qui sont hommes d'Église

Qui sont ceux qui n'appartiennent pas à la Communion des saints ?

Ceux qui n'appartiennent pas à la communion des saints sont dans l'autre vie les damnés, et en cette vie ceux qui n'appartiennent ni à l'âme ni au corps de l'Église, c'est-à-dire ceux qui sont en état de péché mortel et se trouvent hors de la véritable Église

Qui sont ceux qui se trouvent hors de la véritable Église ?

Ceux qui se trouvent hors de la véritable Église sont les infidèles, les juifs, les hérétiques, les apostats, les schismatiques et les excommuniés.

Qu'est-ce que les infidèles ?

Les infidèles sont ceux qui ne sont pas baptisés et qui ne croient pas en Jésus-Christ ; soit qu'ils croient à de fausses divinités et les adorent, comme les idolâtres ; soit que tout en admettant le seul vrai Dieu ils ne croient pas au Christ Messie, venu en la personne de Jésus-Christ ou encore à venir : tels sont les mahométans et autres semblables.

Qu'est-ce que les juifs ?

Les juifs sont ceux qui professent la loi de Moïse : ils n'ont pas reçu le Baptême et ne croient pas en Jésus-Christ.

Qu'est-ce que les hérétiques ?

Les hérétiques sont les baptisés qui refusent avec obstination de croire quelque vérité révélée de Dieu et enseignée comme de foi par l'Église catholique : par exemple, les ariens, les nestoriens et les diverses sectes du protestantisme.

Qu'est-ce que les apostats ?

Les apostats sont ceux qui abjurent ou renient par un acte extérieur la foi catholique qu'ils professaient auparavant.

Qu'est-ce que les schismatiques ?

Les schismatiques sont les chrétiens qui, ne niant explicitement aucun dogme, se séparent volontairement de l'Église de Jésus-Christ ou des légitimes pasteurs.

Qu'est-ce que les excommuniés ?

Les excommuniés sont ceux qui, pour des fautes graves, sont frappés d'excommunication par le Pape ou l'Évêque, et sont par suite, comme des indignes, séparés du corps de l'Église, qui attend et désire leur conversion.

Doit-on craindre l'excommunication ?

On doit craindre beaucoup l'excommunication, car c'est la peine la plus grave et la plus terrible que l'Église puisse infliger à ses fils rebelles et obstinés.

De quels biens sont privés les excommuniés ?

Les excommuniés sont privés des prières publiques, des sacrements, des indulgences, et exclus de la sépulture ecclésiastique.

Pouvons-nous être de quelque secours aux excommuniés ?

Oui, nous pouvons être de quelque secours aux excommuniés et à tous les autres qui sont hors de la véritable

Église, par des avis salutaires, par des prières et des bonnes œuvres, suppliant Dieu que, par sa miséricorde, il leur fasse la grâce de se convertir à la foi et d'entrer dans la communion des Saints.

LE DIXIÈME ARTICLE.

Que nous enseigne le dixième article : La rémission des péchés ?
Le dixième article du Credo nous enseigne que Jésus-Christ a laissé à son Église le pouvoir de remettre les péchés.
L'Église peut-elle remettre toute sorte de péchés ?
Oui, l'Église peut remettre tous les péchés, si nombreux et si graves qu'ils soient, car Jésus-Christ lui a donné plein pouvoir de lier et de délier.
Quels sont ceux qui dans l'Église exercent ce pouvoir de remettre les péchés ?
Ceux qui dans l'Église exercent ce pouvoir de remettre les péchés sont en premier lieu le Pape, qui seul possède la plénitude de ce pouvoir ; puis les Évêques, et sous la dépendance des Évêques, les prêtres.
Comment l'Église remet-elle les péchés ?
L'Église remet les péchés par les mérites de Jésus-Christ, en conférant les sacrements qu'il a institués à cette fin, principalement le Baptême et la Pénitence.

LE ONZIÈME ARTICLE.

Que nous enseigne le onzième article : La résurrection de la chair ?
Le onzième article du Credo nous enseigne que tous les hommes ressusciteront, chaque âme reprenant le corps qu'elle avait en cette vie.

Comment se fera la résurrection des morts ?
La résurrection des morts se fera par la vertu de Dieu tout-puissant à qui rien n'est impossible.

Quand arrivera la résurrection des morts ?
La résurrection de tous les morts arrivera à la fin du Inonde et ensuite aura lieu le jugement général.

Pourquoi Dieu veut-il la résurrection des corps ?
Dieu veut la résurrection des corps afin que l'âme, ayant fait le bien et le mal quand elle était unie au corps, soit encore avec lui pour la récompense ou le châtiment.

Les hommes ressusciteront-ils tous de la même manière ?
Non, il y aura une très grande différence entre les corps des élus et les corps des damnés ; car, seuls, les corps des élus auront à la ressemblance de Jésus-Christ ressuscité, les propriétés des corps glorieux.

Quelles sont ces propriétés qui orneront les corps des élus ?
Les propriétés qui orneront les corps glorieux des élus sont :
1 l'impassibilité, par laquelle ils ne pourront plus être sujets aux maux ni aux douleurs d'aucune sorte, ni au besoin de nourriture, de repos ou de quoi que ce soit ;

2 la clarté, par laquelle, ils resplendiront comme autant de soleils et d'étoiles ;

3 l'agilité, par laquelle ils pourront se transporter en un moment et sans fatigue d'un lieu à un autre et de la terre au ciel ;

4 la subtilité, par laquelle, sans obstacle, ils pourront traverser tous les corps, comme fit Jésus-Christ ressuscité.

Comment seront les corps des damnés ?

Les corps des damnés seront privés des propriétés glorieuses des corps des Bienheureux et porteront la marque horrible de leur éternelle réprobation.

LE DOUZIÈME ARTICLE.

Que nous enseigne le dernier article : La vie éternelle ?

Le dernier article du Credo nous enseigne qu'après la vie présente il y a une autre vie, ou éternellement heureuse pour les élus dans le paradis, ou éternellement malheureuse pour les damnés dans l'enfer.

Pouvons-nous comprendre le bonheur du paradis ?

Non, nous ne pouvons comprendre le bonheur du paradis, parce qu'il surpasse les connaissances de notre esprit borné, et parce que les biens du ciel ne peuvent pas se comparer aux biens de ce monde.

En quoi consiste le bonheur des élus ?

Le bonheur des élus consiste à voir, à aimer et à posséder pour toujours Dieu, source de tout bien.

En quoi consiste le malheur des damnés ?

Le malheur des damnés consiste à être toujours privés de la vue de Dieu et punis par d'éternels tourments dans l'enfer.

Les biens du paradis et les maux de l'enfer sont-ils seulement pour les âmes ?

Les biens du paradis et les maux de l'enfer ne sont en ce moment que pour les âmes, parce qu'en ce moment il n'y a que les âmes qui soient au paradis ou en enfer ; mais après la résurrection de la chair, les hommes, dans la plénitude de leur nature, c'est-à-dire en corps et en âme, seront ou heureux ou tourmentés pour toujours.

Les biens du paradis seront-ils égaux pour les élus et les maux de l'enfer égaux pour les condamnés ?

Les biens du paradis pour les élus et les maux de l'enfer pour les damnés seront égaux dans leur substance et leur éternelle durée ; mais, dans la mesure ou le degré, ils seront plus grands ou moindres selon les mérites et les démérites de chacun.

Que veut dire le mot Amen à la fin du Credo ?

Le mot Amen à la fin des prières signifie : " Ainsi soit-il ". A la fin du Credo il signifie " Il en est ainsi ", c'est-à-dire : je crois à la vérité absolue de tout ce que contiennent ces douze articles et j'en suis plus certain que si je le voyais de mes propres yeux.

DEUXIÈME PARTIE : LA PRIÈRE.

LA PRIÈRE EN GÉNÉRAL.

De quoi est-il question dans la seconde partie de la Doctrine Chrétienne ?

Dans la seconde partie de la Doctrine chrétienne il est question de la prière en général et, en particulier, du Pater noster.

Qu'est-ce que la prière ?

La prière est une élévation de l'esprit vers Dieu pour l'adorer, pour le remercier et pour lui demander ce dont nous avons besoin.

Comment divise-t-on la prière ?

On divise la prière en prière mentale et en prière vocale. La prière ou oraison mentale est celle qui ne se fait qu'avec l'esprit ; la prière vocale est celle qui se fait avec des paroles accompagnées de l'attention de l'esprit et de la dévotion du cœur.

Y a-t-il une autre façon de diviser la prière ?

On peut encore, à un autre point de vue, diviser la prière en prière privée et en prière publique.

Qu'est-ce que la prière privée ?

La prière privée est celle que chacun fait en particulier pour soi-même ou pour les autres.

Qu'est-ce que la prière publique ?

La Prière publique est celle qui est faite par les ministres sacrés, au nom de l'Église et pour le salut du peuple fidèle. On peut aussi appeler publique la prière faite en commun et publiquement par les fidèles, comme dans les processions dans les pèlerinages et dans l'église.

Avons-nous un espoir fondé d'obtenir par la prière les secours et les grâces dont nous avons besoin ?

L'espoir d'obtenir de Dieu les grâces dont nous avons besoin est fondé sur les promesses de Dieu, tout-puissant, très miséricordieux et très fidèle, et sur les mérites de Jésus-Christ.

Au nom de qui devons-nous demander à Dieu les grâces qui nous sont nécessaires ?

Nous devons demander à Dieu les grâces qui nous sont nécessaires au nom de Jésus-Christ, comme lui-même nous l'a enseigné et selon la pratique de l'Église qui termine toujours ses prières par ces mots : *per Dominum nostrum Jesum Christum*, c'est-à-dire : par Notre Seigneur Jésus-Christ.

Pourquoi devons-nous demander à Dieu les grâces au nom de Jésus-Christ ?

Nous devons demander les grâces au nom de Jésus-Christ, parce qu'il est notre médiateur et que c'est seulement par lui que nous pouvons avoir accès au trône de Dieu.

Si la prière a tant de vertu comment se fait-il que si souvent nos prières ne sont pas exaucées ?

Bien souvent nos prières ne sont pas exaucées, soit parce que nous demandons des choses qui ne conviennent pas à notre salut éternel, soit parce que nous ne prions pas comme il faut.

Quelles sont les choses que nous devons principalement demander à Dieu ?

Nous devons principalement demander à Dieu sa gloire, notre salut éternel et les moyens pour y arriver.

N'est il pas permis de demander aussi les biens temporels ?

Si, il est permis de demander aussi à Dieu les biens temporels, mais toujours à la condition qu'ils soient conformes à sa très sainte volonté et qu'ils ne soient pas un empêchement pour notre salut éternel.

Si Dieu sait tout ce qui nous est nécessaire pourquoi doit-on prier ?

Bien que Dieu sache tout ce qui nous est nécessaire, il veut cependant que nous le priions pour reconnaître que c'est lui qui donne tous les biens, pour lui témoigner notre humble soumission et pour mériter ses faveurs.

Quelle est la première et la meilleure disposition pour rendre nos prières efficaces ?

La première et la meilleure disposition pour rendre efficaces nos prières est d'être en état de grâce ou, si nous n'y sommes pas, de désirer au moins nous remettre dans cet état.

Quelles autres dispositions faut-il avoir pour bien prier ?

Pour bien prier, les dispositions spécialement requises sont le recueillement, l'humilité, la confiance la persévérance et la résignation.

Qu'est-ce que prier avec recueillement ?

C'est penser que nous parlons à Dieu, et, en conséquence, nous devons prier avec tout le respect et la dévotion possible, évitant de notre mieux les distractions, c'est-à-dire toute pensée étrangère à la prière.

Les distractions diminuent-elles le mérite de la prière ?

Oui, quand c'est nous-mêmes qui les provoquons ou que nous ne les repoussons pas avec empressement. Mais si nous faisons tout notre possible pour être recueillis en Dieu, alors les distractions ne diminuent pas le mérite de notre prière, elles peuvent même l'accroître.

Que devons-nous faire pour prier avec recueillement ?

Nous devons, avant la prière, éloigner toutes les occasions de distractions, et pendant la prière, nous devons penser que nous sommes en la présence de Dieu qui nous voit et nous écoute.

Que veut dire prier avec humilité ?

Cela veut dire reconnaître sincèrement notre indignité, notre impuissance et notre misère, accompagnant la prière de l'attitude modeste de notre corps.

Que veut dire prier avec confiance ?

Cela veut dire que nous devons avoir la ferme espérance d'être exaucés, s'il doit en résulter la gloire de Dieu et notre vrai bien.

Que veut dire prier avec persévérance ?

Cela veut dire que nous ne devons pas nous lasser de prier si Dieu ne nous exauce pas tout de suite, mais que nous devons continuer à prier avec encore plus de ferveur.

Que veut dire prier avec résignation ?

Cela veut dire que nous devons nous conformer à la volonté de Dieu, qui connaît mieux que nous ce qui est nécessaire à notre salut éternel, même dans le cas où nos prières ne seraient pas exaucées.

Dieu exauce-t-il toujours les prières bien faites ?

Oui, Dieu exauce toujours les prières bien faites, mais de la manière qu'il sait être la plus utile à notre salut éternel, et pas toujours selon notre volonté.

Quels effets produit en nous la prière ?

La prière nous fait reconnaître notre dépendance en toutes choses à l'égard de Dieu, le suprême Seigneur, nous fait penser aux choses célestes, nous fait avancer dans la vertu, nous obtient de Dieu miséricorde, nous fortifie dans les tentations, nous réconforte dans les tribulations, nous aide dans nos besoins et nous obtient la grâce de la persévérance finale.

Quand est-ce que nous devons spécialement prier ?

Nous devons prier spécialement dans les périls, dans les tentations et au moment de la mort ; de plus, nous devons prier fréquemment, et il est bon de le faire matin et soir et au commencement des actions importantes de la journée.

Pour qui devons-nous prier ?

Nous devons prier pour tous ; c'est-à-dire pour nous-mêmes, pour nos parents, supérieurs, bienfaiteurs, amis et ennemis ; pour la conversion des pauvres pécheurs, de ceux qui sont hors de la véritable Église, et pour les âmes saintes du purgatoire.

L'ORAISON DOMINICALE.

§ 1. L'oraison dominicale en général.

Quelle est la prière vocale la plus excellente ?
La prière vocale la plus excellente est celle que Jésus-Christ lui-même nous a enseignée, c'est-à-dire le Pater noster.

Pourquoi le Pater noster est-il la prière la plus excellente ?
Le Pater noster est la prière la plus excellente, parce que c'est Jésus-Christ lui-même qui l'a composée et qui nous l'a enseignée ; parce qu'elle contient clairement en peu de paroles tout ce que nous pouvons espérer de Dieu, et parce qu'elle est la règle et le modèle de toutes les autres prières.

Le Pater noster est-il aussi la prière la plus efficace ?
Le Pater noster est aussi la prière la plus efficace parce qu'elle est la plus agréable à Dieu, étant composée des paroles mêmes que nous a dictées son divin Fils.

Pourquoi le Pater noster est-il appelé oraison dominicale ?
Le Pater noster est appelé Oraison dominicale, ce qui veut dire prière du Seigneur, précisément parce que c'est Jésus-Christ qui nous l'a enseignée de sa propre bouche.

Combien y a-t-il de demandes dans le Pater noster ?
Dans le Pater noster il y a sept demandes précédées d'un préambule.

Récitez le Pater noster ?
Notre Père, qui êtes aux cieux :
1 Que votre nom soit sanctifié,

2 Que votre règne arrive,
3 Que votre volonté soit faite sur la terre comme au ciel,
4 Donnez-nous aujourd'hui notre pain quotidien,
5 Pardonnez-nous nos offenses comme nous pardonnons à ceux qui nous ont offensés,
6 Et ne nous laissez pas succomber à la tentation,
7 Mais délivrez-nous du mal.
Ainsi soit-il.

Pourquoi en invoquant Dieu au commencement de l'Oraison dominicale, l'appelons-nous notre Père ?

Au commencement de l'Oraison dominicale nous appelons Dieu notre Père pour réveiller notre confiance en son infinie bonté, puisque nous sommes ses enfants.

Comment pouvons-nous dire que nous sommes les enfants de Dieu ?

Nous sommes les enfants de Dieu parce qu'il nous a créés à son image et qu'il nous conserve et nous gouverne par sa providence, et parce qu'il nous a, par une bienveillance spéciale, adoptés dans le Baptême comme les frères de Jésus-Christ et les cohéritiers avec lui de l'éternelle gloire.

Pourquoi appelons-nous Dieu " notre Père " et non pas " mon Père " ?

Nous appelons Dieu " notre Père " et non pas " mon Père ", parce que tous nous sommes ses enfants et que nous devons par suite nous regarder et nous aimer tous comme des frères et prier les uns pour les autres.

Dieu est partout ; pourquoi lui disons-nous donc : qui êtes aux cieux ?

Dieu est partout ; mais nous disons : " Notre Père qui êtes aux cieux " pour élever nos cœurs vers le ciel où Dieu se manifeste dans la gloire à ses enfants.

§ 2. La première demande.

Que demandons-nous dans la première demande : que votre nom soit sanctifié ?

Dans la première demande : que votre nom soit sanctifié, nous demandons que Dieu soit connu, aimé, honoré et servi par tout le monde et par nous en particulier.

Qu'entendons-nous en demandant que Dieu soit connu, aimé, honoré et servi par tout le monde ?

Nous entendons demander que les infidèles arrivent à la connaissance du vrai Dieu, que les hérétiques reconnaissent leurs erreurs, que les schismatiques reviennent à l'unité de l'Église, que les pécheurs se corrigent et que les justes persévèrent dans le bien.

Pourquoi, avant toute autre chose, demandons-nous que le nom de Dieu soit sanctifié ?

Avant toute autre chose nous demandons que le nom de Dieu soit sanctifié, parce que la gloire de Dieu doit nous tenir plus à cœur que tous nos biens et avantages.

Comment pouvons-nous procurer la gloire de Dieu ?

Nous pouvons procurer la gloire de Dieu par la prière, le bon exemple, et en dirigeant vers lui toutes nos pensées, nos sentiments et nos actions.

§ 3. La seconde demande.

Qu'entendons-nous par règne de Dieu ?

Par règne de Dieu nous entendons un triple règne spirituel, c'est-à-dire le règne de Dieu en nous ou le règne de la grâce ; le règne de Dieu sur la terre, c'est-à-dire la sainte Église catholique, et le règne de Dieu dans les cieux, ou le paradis.

Que demandons-nous par les mots : que votre règne arrive, par rapport à la grâce ?

Par rapport à la grâce nous demandons que Dieu règne en nous par sa grâce sanctifiante, par laquelle il se complaît à résider en nous comme un roi dans son palais ; et de nous tenir unis à lui par les vertus de foi, d'espérance et de charité qui sont le règne de Dieu dans notre intelligence, notre cœur et notre volonté.

Que demandons-nous par les mots : que votre règne arrive, par rapport à l'Église ?

Par rapport à l'Église nous demandons qu'elle s'étende et se propage toujours davantage dans le monde entier pour le salut des hommes.

Que demandons-nous par les mots : que votre règne arrive, par rapport à la gloire ?

Par rapport à la gloire nous demandons de pouvoir être un jour admis dans le saint Paradis pour lequel nous avons été créés et où nous serons pleinement heureux.

§ 4. La troisième demande.

Que demandons-nous dans la troisième demande : que votre volonté soit faite sur la terre comme au ciel ?

Dans la troisième demande : que votre volonté soit faite sur la terre comme au ciel, nous demandons la grâce de faire en toute chose la volonté de Dieu, en obéissant à ses saints commandements aussi promptement que les anges et les saints lui obéissent dans le ciel. Nous demandons encore la grâce de correspondre aux divines inspirations, et de vivre résignés à la volonté de Dieu quand il nous envoie des tribulations.

Est-il nécessaire d'accomplir la volonté de Dieu ?

Il est aussi nécessaire d'accomplir la volonté de Dieu qu'il est nécessaire d'atteindre le salut éternel, car Jésus-Christ a dit que celui-là seul entrera dans le royaume des cieux qui aura fait la volonté de son Père.

Comment pouvons-nous connaître la volonté de Dieu ?

Nous pouvons connaître la volonté de Dieu spécialement par la voix de l'Église et de nos supérieurs spirituels établis par Dieu pour nous guider dans la voie du salut. Nous pouvons aussi connaître cette très sainte volonté par les divines inspirations et par les circonstances mêmes dans lesquelles le Seigneur nous a placés.

Devons-nous toujours reconnaître la volonté de Dieu dans les événements heureux et malheureux de notre vie ?

Dans les événements tant heureux que malheureux de notre vie nous devons toujours reconnaître la volonté de Dieu, qui dispose ou permet tout pour notre bien.

§ 5. La quatrième demande.

Que demandons-nous dans la quatrième demande : donnez-nous aujourd'hui notre pain quotidien ?

Dans la quatrième demande : donnez-nous aujourd'hui notre pain quotidien, nous demandons à Dieu ce qui nous est nécessaire chaque jour pour l'âme et pour le corps.

Que demandons-nous à Dieu pour notre âme ?

Pour notre âme nous demandons à Dieu qu'il entretienne sa vie spirituelle, c'est-à-dire que nous prions le Seigneur qu'il nous donne sa grâce dont nous avons continuellement besoin.

Comment se nourrit la vie de notre âme ?

La vie de l'âme se nourrit spécialement par l'aliment de la divine parole et par le très saint Sacrement de l'autel.

Que demandons-nous à Dieu pour notre corps ?

Pour notre corps nous demandons ce qui est nécessaire à l'entretien de la vie temporelle.

Pourquoi disons-nous : donnez-nous aujourd'hui notre pain et ne disons-nous pas plutôt : donnez-nous aujourd'hui le pain ?

Nous disons : donnez-nous aujourd'hui notre pain, et non : donnez-nous aujourd'hui le pain, pour exclure tout désir du bien d'autrui. Nous prions donc le Seigneur qu'il nous aide dans les gains justes et permis, pour que nous nous procurions notre nourriture par nos fatigues, sans larcin ni fraude.

Pourquoi disons-nous : donnez-nous notre pain, et non donnez-moi ?

Nous disons : donnez-nous au lieu de donnez-moi pour nous rappeler que, les biens nous venant de Dieu, s'il nous en donne en abondance il le fait pour que nous en donnions le superflu aux pauvres.

Pourquoi ajoutons-nous quotidien

Nous ajoutons quotidien parce que nous devons désirer ce qui nous est nécessaire pour vivre et non pas l'abondance des aliments et des biens de la terre.

Que signifie de plus le mot aujourd'hui dans la quatrième demande ?

Le mot aujourd'hui signifie que nous ne devons pas être trop préoccupés de l'avenir, mais demander ce qui nous est nécessaire pour le moment.

§ 6. La cinquième demande.

Que demandons-nous dans la cinquième demande : pardonnez-nous nos offenses comme nous pardonnons à ceux qui nous ont offensés ?

Dans la cinquième demande : Pardonnez-nous nos offenses comme nous pardonnons à ceux qui nous ont offensés nous demandons à Dieu qu'il nous pardonne nos péchés, comme nous-mêmes nous pardonnons à ceux qui nous ont offensés.

Pourquoi nos péchés sont-ils appelés des dettes ?

Nos péchés sont appelés des dettes parce qu'à cause d'eux, nous devons satisfaire à la divine Justice soit en cette vie le soit en l'autre.

Ceux qui ne pardonnent pas au prochain peuvent-ils espérer que Dieu leur pardonne ?

Ceux qui ne pardonnent pas au Prochain n'ont aucune raison d'espérer que Dieu leur pardonne, d'autant plus qu'ils se condamnent eux-mêmes en disant à Dieu de leur pardonner comme ils pardonnent au prochain.

§ 7. La sixième demande.

Quel est l'objet de la sixième demande : et ne nous laissez pas succomber à la tentation ?

Par la sixième demande : et ne nous laissez pas succomber à la tentation, nous demandons à Dieu de nous délivrer des tentations, soit en ne permettant pas que nous soyons tentés, soit en nous donnant la grâce de n'être pas vaincus.

Qu'est-ce que les tentations ?

La tentation est une excitation au péché qui nous vient soit du démon, soit des méchants, soit de nos passions.

Est-ce un péché d'avoir des tentations ?

Non, ce n'est pas un péché d'avoir des tentations, mais c'est un péché d'y consentir ou de s'exposer volontairement au danger d'y consentir.

Pourquoi Dieu permet-il que nous soyons tentés ?

Dieu permet que nous soyons tentés pour éprouver notre fidélité, pour faire grandir nos vertus et pour accroître nos mérites.

Que devons-nous faire pour éviter les tentations ?

Pour éviter les tentations nous devons fuir les occasions dangereuses, garder nos sens, recevoir souvent les sacrements et recourir à la prière.

§ 8. La septième demande.

Quel est l'objet de la septième demande : mais délivrez nous du mal ?

Dans la septième demande : mais délivrez-nous du mal, nous demandons à Dieu qu'il nous délivre des maux passés, présents et futurs, et spécialement du plus grand de tous les maux qui est le péché et de la damnation éternelle qui en est le châtiment.

Pourquoi disons-nous : délivrez-nous du mal, et non des maux ?

Nous disons : délivrez-nous du mal, et non des maux, parce que nous ne devons pas désirer être exempts de tous les maux de cette vie, mais seulement de ceux qui sont nuisibles à notre âme : aussi nous demandons d'être délivrés du mal en général, c'est-à-dire de tout ce que Dieu voit être un mal pour nous.

N'est il pas permis de demander d'être délivré de quelque mal en particulier, par exemple d'une maladie ?

Si, il est permis de demander d'être délivré de quelque mal en particulier, mais toujours en nous en remettant à la volonté de Dieu qui peut aussi faire tourner cette tribulation à l'avantage de notre âme.

A quoi nous sont utiles les tribulations que Dieu nous envoie ?

Les tribulations que Dieu nous envoie nous sont utiles pour faire pénitence de nos fautes, pour éprouver nos vertus et surtout pour imiter Jésus-Christ notre chef, à qui il est juste que nous nous conformions dans les souffrances si nous voulons avoir part à sa gloire.

Que veut dire Amen à la fin du Pater ?

Amen veut dire : Ainsi soit-il, ainsi je le désire, ainsi je prie le Seigneur et ainsi j'espère.

Pour obtenir les grâces demandées dans le Pater noster suffit-il de le réciter d'une manière quelconque ?

Pour obtenir les grâces demandées dans le Pater noster, il faut le réciter sans hâte, avec attention et avec la dévotion du cœur.

Quand devons-nous dire le Pater ?

Nous devons dire le Pater chaque jour, parce que chaque jour nous avons besoin du secours de Dieu.

3

L'AVE MARIA.

Quelle prière avons-nous coutume de dire après le Pater ?
Après le Pater nous disons la Salutation angélique, c'est-à-dire l'Ave Maria par lequel nous recourons à la Très Sainte Vierge.
Pourquoi l'Ave Maria est-il appelé Salutation angélique ?
L'Ave Maria est appelé Salutation angélique parce qu'il commence par le salut que l'archange Gabriel adressa à la Vierge Marie.
De qui sont les paroles de l'Ave Maria ?
Les paroles de l'Ave Maria sont en partie de l'archange Gabriel, en partie de sainte Elisabeth, en partie de l'Église
Quelles sont les paroles de l'archange Gabriel ?
Les paroles de l'archange Gabriel sont : Je vous salue, pleine de grâces, le Seigneur est avec vous, vous êtes bénie entre toutes les femmes.
Quand est-ce que l'Ange dit à Marie ces paroles ?
L'Ange adressa ces paroles à Marie quand il vint de la part de Dieu lui annoncer le mystère de l'Incarnation qui devait s'opérer en elle.
Que pensons-nous faire en saluant la très sainte Vierge avec les paroles mêmes de l'Archange ?
En saluant la Très Sainte Vierge avec les paroles de l'Archange nous nous réjouissons avec elle, rappelant les dons et les privilèges singuliers dont Dieu l'a favorisée de préférence à toutes les autres créatures.
Quelles sont les paroles de sainte Elisabeth ?
Les paroles de sainte Elisabeth sont : Vous êtes bénie entre toutes les femmes et le fruit de votre sein est béni.

Quand est-ce que sainte Elisabeth dit ces paroles ?

Sainte Elisabeth dit ces paroles par l'inspiration de Dieu, lorsque, trois mois avant de donner le jour à saint Jean-Baptiste, elle fut visitée par la Très Sainte Vierge qui déjà portait dans son sein son divin Fils.

Que faisons-nous en disant ces paroles ?

En disant les paroles de sainte Elisabeth, nous nous réjouissons avec la Très Sainte Vierge de son éminente dignité de Mère de Dieu, nous bénissons Dieu et le remercions de nous avoir donné Jésus-Christ par Marie.

De qui sont les autres paroles de l'Ave Maria ?

Toutes les autres paroles de l'Ave Maria ont été ajoutées par l'Église

Que demandons-nous par les dernières paroles de l'Ave Maria ?

Par les dernières paroles de l'Ave Maria nous demandons la protection de la Très Sainte Vierge au cours de cette vie et spécialement à l'heure de la mort, où nous en aurons le plus grand besoin.

Pourquoi après le Pater disons-nous l'Ave Maria plutôt que toute autre prière ?

Parce que la Très Sainte Vierge est notre Avocate la plus puissante auprès de Jésus-Christ. Aussi, après avoir dit la prière que nous a enseignée Jésus-Christ, nous prions la Très Sainte Vierge de nous obtenir les grâces que nous avons demandées.

Pour quel motif la très sainte Vierge est-elle si puissante ?

La Très Sainte Vierge est si puissante parce qu'elle est la Mère de Dieu et qu'il est impossible qu'il ne l'exauce pas.

Que nous enseignent les Saints sur la dévotion à Marie ?

Au sujet de la dévotion à Marie, les Saints nous enseignent que ses vrais dévots sont aimés d'Elle, qu'elle les protège avec l'amour de la plus tendre des Mères et que par elle ils sont certains de trouver Jésus et d'obtenir le paradis.

Quelle dévotion en l'honneur de Marie l'Église recommande-t-elle tout spécialement ?

La dévotion que l'Église recommande d'une façon toute spéciale en l'honneur de la Très Sainte Vierge est la récitation du saint Rosaire.

4

L'INVOCATION DES SAINTS.

Est-il bon et utile de recourir à l'intercession des Saints ?
Il est très utile de prier les Saints et tout chrétien doit le faire. Nous devons prier particulièrement nos Anges Gardiens, saint Joseph, Patron de l'Église, les saints Apôtres, les Saints dont nous portons le nom et les Saints Protecteurs du diocèse et de la paroisse.

Quelle différence y a-t-il entre les prières que nous adressons à Dieu et celles que nous adressons aux Saints ?
Entre les prières que nous adressons à Dieu et celles que nous adressons aux Saints, il y a cette différence que nous prions Dieu afin que, comme auteur des grâces, il nous donne les biens et nous délivre des maux, et nous prions les Saints afin qu'ils intercèdent pour nous comme nos avocats auprès de Dieu.

Quand nous disons qu'un Saint a fait une grâce, que voulons-nous dire ?
Quand nous disons qu'un Saint a fait une grâce, nous voulons dire que ce Saint l'a obtenue de Dieu.

TROISIÈME PARTIE : LES COMMANDEMENTS DE DIEU ET DE L'ÉGLISE

1

LES COMMANDEMENTS DE DIEU EN GÉNÉRAL.

De quoi est-il question dans la troisième partie de la Doctrine chrétienne ?
Dans la troisième partie de la Doctrine chrétienne il est question des commandements de Dieu et de l'Église
Combien y a-t-il de commandements dans la loi de Dieu ?
Les commandement de la loi de Dieu sont au nombre de dix :
Je suis le Seigneur ton Dieu.
1 Tu n'auras pas d'autre Dieu en ma présence.
2 Tu n'emploieras pas en vain le nom de Dieu.
3 Rappelle-toi de sanctifier les fêtes.
4 Honore ton père et ta mère.
5 Tu ne tueras pas.
6 Tu ne feras pas d'impureté.
7 Tu ne voleras pas.
8 Tu ne diras pas de faux témoignage.
9 Tu ne désireras pas la femme d'autrui.
10 Tu ne désireras pas le bien d'autrui.
Pourquoi les commandements de Dieu ont-ils reçu ce nom ?
Les commandements de Dieu ont reçu ce nom parce que c'est Dieu lui-même qui les a imprimés dans l'âme de tout homme, qui les a promulgués sur le mont Sinaï dans la loi ancienne gravée sur deux tables de pierre, et c'est Jésus-Christ qui les a confirmés dans la loi nouvelle.
Quels sont les commandements de la première table ?

Les commandements de la première table sont les trois premiers, qui regardent directement Dieu et les devoirs que nous avons envers lui.

Quels sont les commandements de la seconde table ?

Les commandements de la seconde table sont les sept derniers, qui regardent le prochain et les devoirs que nous avons envers lui.

Sommes-nous obligés d'observer les commandements ?

Oui, nous sommes tous obligés d'observer les commandements parce que tous nous devons vivre selon la volonté de Dieu qui nous a créés, et qu'il suffit d'en violer gravement un seul pour mériter l'enfer.

Pouvons-nous observer les commandements ?

Nous pouvons certainement observer les commandements de Dieu parce que Dieu ne nous commande rien d'impossible, et qu'il donne la grâce de les observer à qui la demande comme il faut.

Que faut-il considérer d'une manière générale en chaque commandement ?

Dans chaque commandement il faut considérer la partie positive et la partie négative, c'est-à-dire ce qu'il nous commande et ce qu'il nous défend.

2

LES COMMANDEMENTS QUI REGARDENT DIEU.

§ 1. Le premier commandement.

Pourquoi est-il dit au commencement : Je suis le Seigneur ton Dieu ?

En tête des commandements il est dit : Je suis le Seigneur ton Dieu pour que nous sachions que Dieu, étant notre Créateur et Seigneur, peut nous commander ce qu'il veut et que nous, ses créatures, nous sommes tenus de lui obéir.

Qu'est-ce que Dieu nous ordonne par les paroles du premier commandement : Tu n'auras pas d'autre Dieu en ma présence ?

Par les paroles du premier commandement : Tu n'auras pas d'autre Dieu en ma présence, Dieu nous ordonne de reconnaître, d'adorer, d'aimer et de servir Lui seul comme notre souverain Seigneur.

Comment accomplit-on le premier commandement ?

On accomplit le premier commandement par l'exercice du culte intérieur et du culte extérieur.

Qu'est-ce que le culte intérieur ?

Le culte intérieur est l'honneur que l'on rend à Dieu avec les seules facultés de l'esprit, c'est-à-dire avec l'intelligence et la volonté.

Qu'est-ce que le culte extérieur ?

Le culte extérieur est l'hommage que l'on rend à Dieu au moyen d'actes extérieurs et d'objets sensibles.

Ne suffit-il pas d'adorer Dieu intérieurement dans son cœur ?

Non, il ne suffit pas d'adorer Dieu intérieurement dans son cœur ; il faut l'adorer aussi extérieurement, avec son esprit comme avec son corps, parce qu'il est le Créateur et le Seigneur absolu de l'un et de l'autre.

Le culte extérieur peut-il subsister sans le culte intérieur ?

Non, le culte extérieur ne peut absolument pas subsister sans le culte intérieur, parce que s'il n'en est pas accompagné, il reste privé de vie, de mérite et d'efficacité, comme un corps sans âme.

Que nous défend le premier commandement ?

Le premier commandement nous défend l'idolâtrie. la superstition, le sacrilège, l'hérésie et tout autre péché contre la religion.

Qu'est-ce que l'idolâtrie ?

On appelle idolâtrie le fait de rendre à quelque créature, par exemple à une statue, à une image, à un homme, le culte suprême d'adoration qui n'est dû qu'à Dieu seul.

Comment se trouve exprimée cette défense dans la Sainte Écriture ?

Dans la Sainte Écriture, on trouve cette défense exprimée par les mots : " Tu ne feras pas de sculpture, ni aucune représentation de ce qui est là-haut dans le ciel et ici-bas sur la terre. Et tu n'adoreras pas ces choses, tu ne leur rendras aucun culte. "

Ces paroles défendent-elles toutes sortes d'images ?

Non certainement : mais seulement celles des fausses divinités, faites dans un but d'adoration, comme faisaient les idolâtres. Cela est si vrai que Dieu lui-même commanda à Moïse d'en faire quelques-unes, comme les deux statues de chérubins qui étaient sur l'arche et le serpent d'airain dans le désert.

Qu'est-ce que la superstition ?

On appelle superstition toute dévotion contraire à la doctrine et à l'usage de l'Église, comme aussi le fait d'attribuer à une action ou à une chose quelconque une vertu surnaturelle qu'elle n'a pas.

Qu'est-ce que le sacrilège ?

Le sacrilège est la profanation d'un lieu, d'une personne ou d'une chose consacrée à Dieu et destinée à son culte.

Qu'est-ce que l'hérésie ?

L'hérésie est une erreur coupable de l'intelligence par laquelle on nie avec obstination quelque vérité de la foi.

Quelles autres choses défend le premier commandement ?

Le premier commandement nous défend encore d'avoir commerce avec le démon et de nous agréger aux sectes antichrétiennes.

Celui qui recourrait au démon ou l'invoquerait commettra-t-il un grave péché ?

Celui qui recourrait au démon ou l'invoquerait commettrait un péché énorme, parce que le démon est le plus pervers des ennemis de Dieu et de l'homme.

Est-il permis d'interroger les tables qu'on appelle parlantes ou écrivantes, ou de consulter de quelque façon que ce soit les âmes des trépassés par le spiritisme ?

Toutes les pratiques du spiritisme sont défendues, parce qu'elles sont superstitieuses et que souvent elles ne sont pas exemptes d'intervention diabolique : aussi ont-elles été justement interdites par l'Église.

Le premier commandement défend peut-être d'honorer et d'invoquer les Anges et les Saints ?

Non, il n'est pas défendu d'honorer et d'invoquer les Anges et les Saints ; nous devons même le faire, parce que c'est une chose bonne, utile et hautement recommandée par l'Église, car ils sont les amis de Dieu et nos intercesseurs auprès de lui.

Puisque Jésus-Christ est notre unique Médiateur auprès de Dieu pourquoi recourons-nous aussi à l'intercession de la très Sainte Vierge et des Saints ?

Jésus-Christ est notre Médiateur auprès de Dieu, parce que, étant vrai Dieu et vrai homme, lui seul en vertu de ses propres mérites nous a réconciliés avec Dieu et nous obtient de lui toutes les grâces. Mais la Sainte Vierge et les Saints, en vertu des mérites de Jésus-Christ et par la charité qui les unit à Dieu et à nous, nous aident par leur intercession à obtenir les grâces que nous demandons. Et c'est là un des grands biens de la communion des Saints.

Pouvons-nous aussi honorer les saintes images de Jésus-Christ et des Saints ?

Oui, parce que l'honneur que l'on rend aux saintes images de Jésus-Christ et des Saints est rapporté à leurs personnes mêmes.

Et les reliques des Saints peut-on les honorer ?

Oui, on doit aussi honorer les reliques des Saints, parce que leurs corps furent les membres vivants de Jésus-Christ et les temples du Saint-Esprit, et qu'ils doivent ressusciter glorieux à une vie éternelle.

Quelle différence y a-t-il entre le culte que nous rendons à Dieu et le culte que nous rendons aux Saints ?

Entre le culte que nous rendons à Dieu et le culte que nous rendons aux Saints il y a cette différence que Dieu, nous l'adorons pour son excellence infinie ; les Saints au contraire, nous ne les adorons pas, mais nous les honorons et nous les vénérons comme les amis de Dieu et nos intercesseurs auprès de Lui. Le culte que nous rendons à Dieu s'appelle culte de latrie c'est-à-dire l'adoration, et le culte que nous rendons aux Saints s'appelle culte de dulie c'est-à-dire de vénération pour les serviteurs de Dieu ; enfin le culte particulier que nous rendons à la Très Sainte Vierge s'appelle culte d'hyperdulie c'est-à-dire de vénération toute spéciale, comme pour la Mère de Dieu.

§ 2. Le second commandement.

Que nous défend le second commandement : Tu n'emploieras pas en vain le nom de Dieu ?

Le second commandement : " Tu n'emploieras pas en vain le nom de Dieu " nous défend :

1 d'employer le nom de Dieu sans respect ;

2 de blasphémer contre Dieu, contre la Très Sainte Vierge et contre les Saints ;

3 de faire des jurements faux et sans nécessité ou défendus à quelque titre que ce soit.

Qu'est-ce que employer le nom de Dieu sans respect ?

Employer le nom de Dieu sans respect, c'est prononcer ce saint nom et tout ce qui se rapporte d'une manière spéciale à Dieu, comme le nom de Jésus, de Marie et des Saints, par colère, par plaisanterie ou de toute autre manière peu respectueuse.

Qu'est-ce que le blasphème ?

Le blasphème est un horrible péché qui consiste en paroles ou actes de mépris ou de malédiction contre Dieu, la sainte Vierge, les Saints, ou contre les choses saintes.

Y a-t-il une différence entre le blasphème et l'imprécation ?

Il y a une différence, parce que dans le blasphème on lance la malédiction ou on désire le mal à Dieu, à la Sainte Vierge, aux Saints ; tandis que dans l'imprécation c'est à soi-même ou au prochain.

Qu'est-ce que jurer ?

Jurer, c'est prendre Dieu à témoin de la vérité de ce qu'on dit ou de ce qu'on promet.

Est-il toujours défendu de jurer ?

Il n'est pas toujours défendu de jurer ; c'est permis et même un honneur rendu à Dieu quand il y a nécessité et que le jurement est fait avec vérité, discernement et justice.

Quand est-ce qu'on ne jure pas avec vérité ?

Quand on affirme avec serment ce que l'on sait ou que l'on croit être faux, et quand on promet avec serment ce que l'on n'a pas l'intention d'accomplir.

Quand est-ce qu'on ne jure pas avec discernement ?

Quand on jure sans prudence et sans mûre réflexion ou pour des choses de peu d'importance.

Quand est-ce qu'on ne jure pas avec justice ?

Quand on jure de faire une chose qui n'est pas juste ou permise, comme de se venger, de voler et autres choses semblables.

Sommes-nous obligés de tenir le serment de faire des choses injustes ou défendues ?

Non seulement nous n'y sommes pas obligés, mais nous pécherions en les faisant parce qu'elles sont défendues par la loi de Dieu ou de l'Église.

Quel péché commet celui qui jure à faux ?

Celui qui jure à faux commet un péché mortel parce qu'il déshonore gravement Dieu, vérité infinie, en le prenant à témoin d'une chose fausse.

Que nous ordonne le second commandement ?

Le second commandement nous ordonne d'honorer le saint nom de Dieu et d'accomplir non seulement les serments, mais encore les vœux.

Qu'est-ce qu'un vœu ?

Un vœu est la promesse faite à Dieu d'une chose bonne, possible pour nous, et meilleure que son contraire, à laquelle nous nous obligeons comme si elle nous était commandée.

Si l'accomplissement d'un vœu devenait en tout ou en partie très difficile, que faudrait-il faire ?

On peut demander la commutation ou la dispense du vœu à son Évêque ou au Souverain Pontife, selon l'importance du vœu.

Est-ce un péché de manquer aux vœux ?

Manquer aux vœux est un péché. Aussi nous ne devons pas faire de vœux sans une mûre réflexion et, ordinairement, sans le conseil du confesseur ou d'une autre personne prudente, afin de ne pas nous exposer au péril de pécher.

Peut-on faire des vœux à la Sainte Vierge et aux Saints ?

On fait les vœux seulement à Dieu ; cependant on peut promettre à Dieu de faire quelque chose en l'honneur de la Sainte Vierge ou des Saints.

§ 3. Le troisième commandement.

Que nous ordonne le troisième commandement : Rappelle-toi de sanctifier les fêtes ?

Le troisième commandement : Rappelle-toi de sanctifier les fêtes, nous ordonne d'honorer Dieu par les pratiques du culte les jours de fête.

Quels sont les jours de fête ?

Dans l'ancienne loi, c'étaient le jour du sabbat et les autres jours particulièrement solennels pour le peuple hébreu ; dans la loi nouvelle, ce sont les dimanches et autres solennités établies par l'Église

Pourquoi dans la loi nouvelle sanctifie-t-on le dimanche au lieu du samedi ?

Le dimanche, qui signifie jour du Seigneur a été substitué au samedi, parce que c'est à pareil jour que Jésus-Christ Notre Seigneur est ressuscité.

Quelle est la pratique du culte qui nous est commandée aux jours de fête ?

Il nous est commandé d'assister dévotement au saint sacrifice de la Messe.

Par quelles autres pratiques un bon chrétien sanctifie-t-il les fêtes ?

Un bon chrétien sanctifie les fêtes :

1 en assistant à la Doctrine chrétienne, aux prédications et aux offices ;

2 en recevant souvent avec les dispositions convenables les sacrements de Pénitence et d'Eucharistie ;

3 en se livrant à la prière et aux œuvres de charité chrétienne envers le prochain.

Que nous défend le troisième commandement ?

Le troisième commandement nous défend les œuvres serviles et toute autre occupation qui nous détourne du culte divin.

Quelles sont les œuvres serviles défendues les jours de fête ?

Les œuvres serviles défendues les jours de fête sont les travaux dits manuels, c'est-à-dire les travaux matériels auxquels le corps a plus de part que l'esprit, comme ceux que font ordinairement les serviteurs, les ouvriers et les artisans.

Quel péché commet-on en travaillant les jours de fête ?

En travaillant les jours de fête on commet un péché mortel ; cependant si le travail dure peu de temps, il n'y a pas de faute grave.

N'y a-t-il aucune œuvre servile qui soit permise les jours de fête ?

Les jours de fête sont permis les travaux nécessaires à la vie ou au service de Dieu et ceux qu'on fait pour une cause grave, en demandant, s'il se peut, la permission à son curé.

Pourquoi les œuvres serviles sont-elles défendues les jours de fête ?

Les œuvres serviles sont défendues, les jours de fête, pour que nous puissions mieux nous occuper au culte divin et au salut de notre âme, et pour que nous nous reposions de nos fatigues. Aussi il n'est pas défendu de se livrer à d'honnêtes amusements.

Quelles autres choses devons-nous éviter surtout les jours de fête ?

Les jours de fête nous devons éviter par dessus tout le péché et tout ce qui peut nous porter au péché, comme les amusements et les réunions dangereuses.

3

LES COMMANDEMENTS QUI CONCERNENT LE PROCHAIN.

§ 1. Le quatrième commandement.

Que nous ordonne le quatrième commandement : Honore ton père et ta mère ?

Le quatrième commandement : Honore ton père et ta mère, nous ordonne de respecter notre père et notre mère, de leur obéir en tout ce qui n'est pas péché et de les assister dans leurs besoins spirituels et temporels.

Que nous défend le quatrième commandement ?

Le quatrième commandement nous défend d'offenser nos parents en paroles, en actes et de toute autre manière.

Sous le nom de père et mère quelles autres personnes comprend ce commandement ?

Sous le nom de père et de mère, ce commandement comprend encore tous nos supérieurs tant ecclésiastiques que laïques, auxquels nous devons donc obéissance et respect.

D'où vient aux parents l'autorité de commander à leurs enfants et l'obligation pour les enfants de leur obéir ?

L'autorité qu'ont les parents de commander à leurs enfants et l'obligation pour les enfants d'obéir vient de Dieu qui a constitué et ordonné la famille, de telle sorte que l'homme y trouve les premiers moyens nécessaires à son perfectionnement matériel et spirituel.

Les parents ont-ils des devoirs envers leurs enfants ?

Les parents ont le devoir d'aimer, de soigner et nourrir leurs enfants, de pourvoir à leur éducation religieuse et civile, de leur donner le bon exemple, de les éloigner des occasions de péché, de les corriger de leurs fautes et de les aider à embrasser l'état auquel ils sont appelés de Dieu.

Dieu nous a-t-il donné le modèle de la famille parfaite ?

Dieu nous a donné le modèle de la famille parfaite dans la sainte Famille, où Jésus-Christ vécut soumis à la Très Sainte Vierge et à saint Joseph jusqu'à trente ans, c'est-à-dire jusqu'à ce qu'il commençât à exercer la mission que lui avait confiée le Père éternel de prêcher l'Évangile

Si les familles vivaient isolément, séparées l'une de l'autre, pourraient-elles pourvoir à tous leurs besoins matériels et moraux ?

Si les familles vivaient isolément, séparées l'une de l'autre, elles ne pourraient pourvoir à leurs besoins, et il est nécessaire qu'elles soient unies en société civile afin de s'aider mutuellement pour leur perfectionnement et leur bonheur communs.

Qu'est-ce que la société civile ?

La société civile est la réunion de nombreuses familles, dépendant de l'autorité d'un chef, pour s'aider réciproquement à atteindre leur perfectionnement mutuel et le bonheur temporel.

D'où vient à la société civile l'autorité qui la gouverne ?

L'autorité qui gouverne la société civile vient de Dieu qui la veut constituée pour le bien commun.

Y a-t-il obligation de respecter l'autorité qui gouverne la société civile et de lui obéir ?

Oui, tous ceux qui appartiennent à la société civile ont le devoir de respecter l'autorité et de lui obéir parce que cette autorité vient de Dieu et qu'ainsi le veut le bien commun.

Doit-on respecter toutes les lois qui sont imposées par l'autorité civile ?

On doit respecter toutes les lois que l'autorité civile impose, pourvu qu'elles ne soient pas opposées à la loi de Dieu ; c'est le commandement et l'exemple de Notre Seigneur Jésus-Christ.

Outre l'obéissance et le respect aux lois imposées par l'autorité, ceux qui font partie de la société civile ont-ils d'autres devoirs ?

Ceux qui font partie de la société civile, outre l'obligation du respect et de l'obéissance envers les lois, ont le devoir de vivre dans la concorde et de travailler de toutes leurs forces et de tous leurs moyens à y faire régner, pour l'avantage commun, la vertu, la paix, l'ordre et la prospérité.

§ 2. Le cinquième commandement.

Que nous défend le cinquième commandement : Tu ne tueras pas ?

Le cinquième commandement : Tu ne tueras pas, défend de donner la mort au prochain, de le battre, de le frapper, ou de lui faire quelque autre mal dans son corps, soit par soi-même, soit par les autres. Il défend encore de l'offenser par des paroles injurieuses et de lui vouloir du mal. Dans ce commandement Dieu défend aussi de se donner la mort, ce qui est le suicide.

Pourquoi est-ce un péché grave de tuer son prochain ?

Parce que celui qui tue usurpe témérairement le droit sur la vie de l'homme qui n'appartient qu'à Dieu seul, parce qu'il détruit la sécurité de la société humaine, et parce qu'il enlève au prochain la vie, qui est le plus grand bien naturel qu'il ait sur la terre.

Y a-t-il des cas où il soit permis de tuer son prochain ?

Il est permis de tuer son prochain quand on combat dans une guerre juste ; quand, par ordre de l'autorité suprême, on exécute une condamnation à mort, châtiment de quelque crime, et enfin quand on est en cas de nécessaire et légitime défense contre un injuste agresseur.

Dieu dans le cinquième commandement défend-il aussi de nuire à la vie spirituelle du Prochain ?

Oui, Dieu, dans le cinquième commandement, défend aussi de nuire à la vie spirituelle du prochain par le scandale.

Qu'est-ce que le scandale ?

Le scandale est toute parole, tout acte ou toute omission qui est pour les autres une occasion de commettre le péché.

Le scandale est-il un péché grave ?

Le scandale est un péché grave parce qu'il tend à détruire la plus grande œuvre de Dieu qui est la Rédemption, par la perte d'une âme ; parce qu'il donne au prochain la mort de l'âme en lui enlevant la vie de la grâce, qui est plus précieuse que la vie du corps ; parce qu'il est cause d'une multitude de péchés. Aussi Dieu menace-t-il des plus sévères châtiments ceux qui donnent le scandale.

Pourquoi dans le cinquième commandement Dieu défend-il de se donner la mort à soi-même ou de se suicider ?

Dans le cinquième commandement, Dieu défend le suicide parce que l'homme n'est pas le maître de sa vie comme il ne l'est pas de celle d'autrui. Et l'Église punit le suicide par la privation de la sépulture ecclésiastique.

Le cinquième commandement défend-il aussi le duel ?

Oui, le cinquième commandement défend aussi le duel, parce que le duel participe de la malice du suicide et de celle de l'homicide ; et quiconque y assiste volontairement, même comme simple spectateur, est excommunié.

Le duel est-il encore défendu quand il n'y a pas péril de mort ?

Oui, le duel même est défendu, parce que non seulement nous ne pouvons pas tuer, mais nous ne pouvons pas même blesser volontairement nous-mêmes ni les autres.

La défense de l'honneur peut-elle excuser le duel ?

Non, parce qu'il n'est pas vrai que par le duel on répare l'offense, et parce qu'on ne peut pas réparer l'honneur par une action injuste, déraisonnable et barbare, comme est le duel.

Que nous ordonne le cinquième commandement ?

Le cinquième commandement nous ordonne de pardonner à nos ennemis et de vouloir du bien à tout le monde.

Que doit faire celui qui a porté tort au prochain pour la vie du corps ou pour la vie de l'âme ?

Il ne suffit pas que celui qui a porté tort au prochain se confesse, il doit aussi réparer le mal qu'il a fait en compensant les torts qu'il a portés, en rétractant les erreurs qu'il a enseignées, en donnant le bon exemple.

§ 3. Le sixième et le neuvième commandement.

Que nous défend le sixième commandement : Tu ne feras pas d'impuretés ?

Le sixième commandement : Tu ne feras pas d'impuretés, nous défend tout acte, tout regard, toute parole contraire à la chasteté, et l'infidélité dans le mariage.

Que défend le neuvième commandement ?

Le neuvième commandement défend expressément tout désir contraire à la fidélité que les époux se sont jurés en s'unissant par le mariage. Il défend aussi toute pensée coupable ou tout désir d'actes défendus par le sixième commandement.

L'impureté est-elle un grand péché ?

C'est un péché très grave et abominable devant Dieu et devant les hommes ; il avilit l'homme à la condition des animaux sans raison, l'entraîne à beaucoup d'autres péchés et de vices, et provoque les plus terribles châtiments en cette vie et en l'autre.

Toutes les pensées qui nous viennent à l'esprit contre la pureté sont-elles des péchés ?

Les pensées qui nous viennent à l'esprit contre la pureté ne sont pas par elles-mêmes des péchés, elles sont plutôt des tentations et des excitations au péché.

Quand est-ce que les mauvaises pensées sont des péchés ?

Les mauvaises pensées, même quand elles ne sont pas suivies d'effet, sont des péchés lorsque nous leur donnons occasion d'une manière coupable, ou que nous y consentons ou que nous nous exposons au péril prochain d'y consentir.

Que nous ordonnent le sixième et le neuvième commandements ?

Le sixième commandement nous ordonne d'être chastes et modestes dans nos actes, nos regards, notre maintien et nos paroles. Le neuvième commandement nous ordonne d'être chastes et purs même intérieurement c'est-à-dire dans notre esprit et notre cœur.

Que convient-il de faire pour observer le sixième et le neuvième commandements ?

Pour bien observer le sixième et le neuvième commandements, nous devons prier Dieu souvent et du fond du cœur, être dévots à la Vierge Marie, Mère de la pureté, nous rappeler que Dieu nous voit, penser à la mort, aux châtiments divins, à la passion de Jésus-Christ, garder nos sens, pratiquer la mortification chrétienne et fréquenter les sacrements avec les dispositions convenables.

Que devons-nous fuir pour nous maintenir dans la pureté ?

Pour nous maintenir dans la pureté, il convient de fuir l'oisiveté, les mauvaises compagnies, l'intempérance, d'éviter les images indécentes, les spectacles licencieux, les conversations dangereuses et toutes les autres occasions de péché.

§ 4. Le septième commandement.

Que nous défend le septième commandement : Tu ne voleras pas ?

Le septième commandement : Tu ne voleras pas, nous défend de prendre ou de retenir le bien d'autrui injustement, et de faire tort au prochain en ses biens de quelque manière que ce soit.

Qu'est-ce que voler ?

Voler, c'est prendre injustement le bien d'autrui contre la volonté de son maître, dans le cas où celui-ci a pleine raison et droit absolu de n'en vouloir pas être privé.

Pourquoi le vol est-il défendu ?

Parce que, par le vol, on pèche contre la justice et en fait injure au prochain en prenant et retenant contre son droit et sa volonté ce qui lui appartient.

Qu'est-ce que le bien d'autrui ?

Le bien d'autrui est tout ce qui appartient au prochain, qu'il en ait la propriété ou l'usage, ou qu'il l'ait simplement le dépôt.

De combien de manières prend-on injustement le bien d'autrui ?

De deux manières : par le vol et par la rapine.

Comment se commet le vol ?
Le vol se commet quand on prend le bien d'autrui en se cachant.
Comment se commet la rapine ?
La rapine se commet quand on prend avec violence et ouvertement le bien d'autrui.
Dans quels cas peut-on prendre le bien d'autrui sans faire de péché ?
Quand le maître n'est pas opposé ou que son opposition est injuste, ce qui arriverait si quelqu'un était dans l'extrême nécessité, pourvu qu'il prit seulement ce qui lui est strictement nécessaire pour subvenir à son besoin urgent et extrême.
Ne peut-on faire tort au prochain dans ses biens que par le vol et la rapine ?
On lui fait tort encore par la fraude, par l'usure et par toute autre injustice que l'on commet contre ses biens.
Comment se commet la fraude ?
Il y a fraude quand on trompe le prochain dans le commerce par de faux poids, de fausses mesures, de la fausse monnaie et de mauvaises marchandises ; quand on falsifie les écritures et les papiers ; en un mot toutes les fois qu'on induit en erreur dans les ventes, les achats et tout autre contrat, et aussi quand on ne veut pas donner le juste prix et le prix convenu.
En quoi consiste l'usure ?
L'usure consiste à exiger, sans titre légitime, un intérêt illicite pour une somme prêtée, en abusant du besoin et de l'ignorance d'autrui.
Quelles autres injustices commet-on contre le bien du prochain ?
Ce sont des injustices que de lui faire perdre injustement ce qu'il a, de lui faire tort dans ses possessions, de ne pas travailler comme on le doit, de ne pas payer par malice des dettes ou des marchandises achetées, de frapper ou de tuer les animaux qui lui appartiennent, d'endommager ou laisser endommager ce qu'on a en garde, d'empêcher quelqu'un de faire un juste bénéfice, de tenir la main aux voleurs, de recevoir, cacher ou acheter des choses volées.
Est-ce un péché grave que de voler ?
C'est un péché grave contre la justice quand il s'agit d'une matière grave, car il est très important que le droit de chacun sur son bien propre soit respecté, et cela pour le bien des individus, des familles et de la société.
Quand est-ce que la matière du vol est grave ?
Elle est grave lorsqu'on prend une chose importante et aussi lorsque, bien qu'on prenne une chose de peu de valeur, le prochain en souffre un grave dommage.
Que nous ordonne le septième commandement ?
Le septième commandement nous ordonne de respecter le bien d'autrui,

de donner le juste salaire aux ouvriers, et d'observer la justice en tout ce qui concerne la propriété d'autrui.

Pour celui qui a péché contre le septième commandement suffit-il qu'il se confesse ?

Pour celui qui a péché contre le septième commandement, la confession ne suffit pas ; il faut qu'il fasse son possible pour restituer le bien d'autrui et réparer les dommages causés.

Qu'est-ce que la réparation des dommages causés ?

La réparation des dommages causés est la compensation qu'on doit donner au prochain pour les fruits et les bénéfices perdus à cause du vol et des autres injustices commises à son détriment.

A qui doit-on restituer le bien volé ?

A celui qui a été volé ; à ses héritiers, s'il est mort ; et si c'est vraiment impossible, on doit en donner la valeur au profit des pauvres et des œuvres pieuses.

Que doit-on faire quand on trouve une chose de grande valeur ?

On doit apporter un grand empressement à en trouver le maître et la lui restituer fidèlement.

§ 5. Le huitième commandement.

Que nous défend le huitième commandement : Tu ne diras pas de faux témoignage ?

Le huitième commandement : Tu ne diras pas de faux témoignage, nous défend de déposer faussement en justice. Il nous défend encore la diffamation ou médisance, la calomnie, la flatterie, le jugement et le soupçon téméraires et toute sorte de mensonge.

Qu'est-ce que la diffamation ou médisance ?

La diffamation ou médisance est un péché qui consiste à manifester sans un juste motif les péchés et les défauts d'autrui.

Qu'est-ce que la calomnie ?

La calomnie est un péché qui consiste à attribuer méchamment au prochain des fautes et des défauts qu'il n'a pas.

Qu'est-ce que la flatterie ?

La flatterie est un péché qui consiste à tromper quelqu'un en disant faussement du bien de lui ou d'un autre, dans le but d'en retirer quelque avantage.

Qu'est-ce que le jugement ou soupçon téméraire ?

Le jugement ou le soupçon téméraire est un péché qui consiste à mal juger ou à soupçonner de mal le prochain sans un juste motif.

Qu'est-ce que le mensonge ?

Le mensonge est un péché qui consiste à affirmer comme vrai ou comme faux, par des paroles ou par des actes, ce qu'on ne croit pas tel.

De combien d'espèces est le mensonge ?

Le mensonge est de trois espèces : le mensonge joyeux, le mensonge officieux et le mensonge pernicieux.

Qu'est-ce que le mensonge joyeux ?

Le mensonge joyeux est celui dans lequel on ment par pure plaisanterie et sans faire tort à personne.

Qu'est-ce que le mensonge officieux ?

Le mensonge officieux est l'affirmation d'une chose fausse pour sa propre utilité ou celle d'un autre, mais sans qu'il y ait de préjudice pour personne.

Qu'est-ce que le mensonge pernicieux ?

Le mensonge pernicieux est l'affirmation d'une chose fausse qui fait tort au prochain.

Est-il permis de mentir ?

Il n'est jamais permis de mentir ni par plaisanterie, ni pour son propre avantage ni pour celui d'autrui, car c'est une chose mauvaise par elle-même.

Quel péché est le mensonge ?

Quand le mensonge est joyeux ou officieux, c'est un péché véniel ; mais s'il est pernicieux, c'est un péché mortel si le préjudice causé est grave.

Est-il toujours nécessaire de dire tout ce qu'on pense ?

Non, cela n'est pas toujours nécessaire, surtout quand celui qui vous interroge n'a pas le droit de savoir ce qu'il demande.

Pour celui qui a péché contre le huitième commandement suffit-il qu'il s'en confesse ?

Pour celui qui a péché contre le huitième commandement, il ne suffit pas qu'il s'en confesse ; il est obligé de rétracter ce qu'il a dit de calomnieux contre le prochain, et de réparer du mieux qu'il le peut les dommages qu'il lui a causés.

Que nous ordonne le huitième commandement ?

Le huitième commandement nous ordonne de dire quand il le faut la vérité, et d'interpréter en bien, autant que nous le pouvons, les actions de notre prochain.

§ 6. Le dixième commandement.

Que nous défend le dixième commandement : Tu ne désireras pas le bien d'autrui ?

Le dixième commandement : Tu ne désireras pas le bien d'autrui, nous défend le désir de priver autrui de son bien et le désir d'acquérir du bien par des moyens injustes.

Pourquoi Dieu nous défend-il aussi le désir du bien d'autrui ?

Dieu nous défend les désirs déréglés du bien d'autrui, parce qu'il veut que nous soyons justes, même intérieurement, et que nous nous tenions toujours très éloignés des actes injustes.

Que nous ordonne le dixième commandement ?

Le dixième commandement nous ordonne de nous contenter de l'état dans lequel Dieu nous a placés, et de souffrir avec patience la pauvreté quand Dieu nous veut dans cet état.

Comment un chrétien peut-il être content dans la pauvreté ?

Un chrétien peut être content même dans la pauvreté, en considérant que le plus grand des biens est une conscience pure et tranquille, que notre vraie patrie est le ciel, et que Jésus-Christ s'est fait pauvre par amour pour nous et a promis une récompense spéciale à tous ceux qui supportent avec patience la pauvreté.

4

LES PRÉCEPTES DE L'ÉGLISE

§ 1. Les préceptes de l'Église en général.

Outre les commandements de Dieu, que devons-nous encore observer ?
En dehors des commandements de Dieu, nous devons encore observer les préceptes de l'Église

Sommes-nous obligés d'obéir à l'Église ?
Sans aucun doute nous sommes obligés d'obéir à l'Église parce que Jésus-Christ lui-même nous l'ordonne, et parce que les préceptes de l'Église aident à observer les commandements de Dieu.

Quand commence l'obligation d'observer les préceptes de l'Église ?
L'obligation d'observer les préceptes de l'Église commence généralement quand on a l'usage de la raison.

Est-ce un péché de transgresser un précepte de l'Église ?
Transgresser délibérément un précepte de l'Église en matière grave est un péché mortel.

Qui peut dispenser d'un précepte de l'Église ?
Il n'y a que le Pape qui puisse dispenser des préceptes de l'Église, et ceux à qui il en a donné le pouvoir.

Combien y a-t-il de préceptes de l'Église, et quels sont-ils ?
Les préceptes de l'Église sont au nombre de cinq :

1 Entendre la messe tous les dimanches et les autres fêtes commandées.

2 Jeûner pendant le Carême, aux quatre-temps et pour les Vigiles commandées ; ne pas manger de viande les jours défendus.

3 Se confesser au moins une fois l'an et communier à Pâques, chacun dans sa paroisse.

4 Payer les dîmes dues à l'Église, selon les usages.

5 Ne pas célébrer de mariages en temps prohibé, c'est-à-dire du premier dimanche de l'Avent à l'Epiphanie et du premier jour de Carême à l'octave de Pâques.

§ 2. Le premier précepte de l'Église

Que nous ordonne le premier précepte ou commandement de l'Église : Entendre la messe tous les dimanches et les autres fêtes commandées ?

Le premier précepte de l'Église : Entendre la messe tous les dimanches e t les autres fêtes commandées, nous ordonne d'assister avec dévotion à la sainte Messe tous les dimanches et autres fêtes de précepte.

Quelle est la messe à laquelle l'Église désire qu'on assiste les dimanches et autres fêtes d'obligation ?

La Messe à laquelle l'Église désire qu'on assiste, autant que possible, les dimanches et autres fêtes d'obligation est la Messe paroissiale.

Pourquoi l'Église recommande-t-elle aux fidèles d'assister à la Messe paroissiale ?

L'Église recommande aux fidèles d'assister à la Messe paroissiale :

1 afin que ceux qui appartiennent à la même paroisse s'unissent pour prier ensemble avec le curé qui est leur chef ;

2 afin que les paroissiens participent davantage au saint Sacrifice qui est spécialement appliqué pour eux ;

3 afin qu'ils entendent les vérités de l'Évangile que les curés ont l'obligation d'exposer à la Sainte Messe ;

4 afin qu'ils connaissent les prescriptions et les avis qui sont publiés à cette Messe.

Que veut dire le mot : dimanche ?

Le mot dimanche veut dire jour du Seigneur, c'est-à-dire jour spécialement consacré au service divin.

Pourquoi dans le premier commandement de l'Église est-il fait une mention spéciale du dimanche ?

Dans le premier commandement de l'Église il est fait une mention spéciale du dimanche, parce qu'il est la fête principale chez les chrétiens comme le sabbat (samedi) était fête principale chez les Juifs, par l'institution de Dieu lui-même.

Quelles autres fêtes a instituées l'Église ?

L'Église a institué aussi les fêtes de Notre Seigneur, de la très Sainte Vierge, des Anges et des Saints.

Pourquoi l'Église a-t-elle institué d'autres fêtes de Notre Seigneur ?

L'Église a institué d'autres fêtes de Notre Seigneur en souvenir de ses divins mystères.

Pourquoi ont été instituées les fêtes de la très Sainte Vierge' des Anges et des Saints ?

Les fêtes de la Très Sainte Vierge, des Anges et des Saints ont été instituées :

1 en souvenir des grâces que Dieu leur a faites et pour en remercier la divine bonté ;

2 afin que nous les honorions, que nous imitions leurs exemples et que nous obtenions le secours de leurs prières.

§ 3. Le second précepte de l'Église

Que nous ordonne le second précepte de l'Église par les mots : Jeûner aux jours commandés ?

Le second précepte de l'Église par les mots : Jeûner aux jours commandés nous ordonne de jeûner :

1 pendant le Carême ;

2 à certains jours de l'Avent, là où le jeûne est prescrit ;

3 aux quatre-temps ;

4 à certaines Vigiles.

En quoi consiste le jeûne ?

Le jeûne consiste à ne faire qu'un seul repas par jour et à s'abstenir des aliments défendus.

Aux jours de jeûne, peut-on faire le soir une petite collation ?

Par une condescendance de l'Église on peut, les jours de jeûne, faire le soir une petite collation.

A quoi sert le jeûne ?

Le jeûne sert à mieux nous préparer à la prière, à faire pénitence des péchés commis, et à nous préserver d'en commettre de nouveaux.

Qui est obligé au jeûne ?

Sont obligés au jeûne tous les chrétiens qui ont vingt et un ans accomplis, et qui ne sont ni dispensés ni excusés par un empêchement légitime.

Ceux qui ne sont pas obligés au jeûne sont-ils absolument dispensés de toute mortification ?

Ceux qui ne sont pas obligés au jeûne ne sont pas absolument dispensés de toute mortification, parce que nous sommes tous obligés à faire pénitence.

Dans quel but a été institué le Carême ?

Le Carême a été institué pour imiter en quelque façon le jeûne rigoureux de quarante jours que Jésus-Christ fit dans le désert, et pour nous préparer par la pénitence à célébrer saintement la fête de Pâques.

Dans quel but a été institué le jeûne de l'Avent ?

Le jeûne de l'Avent a été institué pour nous disposer à célébrer saintement la fête de Noël.

Dans quel but a été institué le jeûne des quatre-temps ?

Le jeûne des quatre-temps a été institué : pour consacrer chaque saison de l'année par une pénitence de quelques jours ; pour demander à Dieu la conservation des fruits de la terre ; pour le remercier des fruits qu'il nous a déjà donnés ; et pour le prier de donner à son Église de saints ministres, dont l'ordination est faite les samedis des quatre-temps.

Dans quel but a été institué le jeûne des Vigiles ?

Le jeûne des Vigiles a été institué pour nous préparer à célébrer saintement les fêtes principales.

Qu'est-ce qui nous est défendu le vendredi et les samedis où il n'y a pas de dispense ?

Le vendredi et les samedis où il n'y a pas de dispense, il nous est défendu de manger de la viande, sauf en cas de nécessité.

Pourquoi l'Église a-t-elle voulu que nous nous abstenions ces jours-là de manger de la viande ?

Afin que nous fassions pénitence chaque semaine. et surtout le vendredi en l'honneur de la Passion, et le samedi en souvenir de la sépulture de Jésus-Christ, et en l'honneur de la Très Sainte Vierge.

§ 4. Le troisième précepte de l'Église

Que nous commande l'Église par les paroles du troisième précepte : Se confesser au moins une fois l'an ?

Par les paroles du troisième précepte : Se confesser au moins une fois l'an, l'Église oblige tous les chrétiens qui sont arrivés à l'usage de la raison de l'approcher au moins une fois l'an du sacrement de Pénitence.

Quel est le temps le plus opportun pour satisfaire au précepte de la Confession annuelle ?

Le temps le plus opportun pour satisfaire au précepte de la Confession annuelle est le Carême, selon l'usage introduit et approuvé dans toute l'Église

Pourquoi l'Église dit-elle que nous nous confessions au moins une fois l'an ?

L'Église dit : au moins, pour nous faire connaître son désir que nous nous approchions plus souvent des sacrements.

C'est donc une chose utile de se confesser souvent ?

C'est une chose très utile de se confesser souvent, surtout parce qu'il est difficile de se bien confesser et de se tenir éloigné du péché mortel si l'on se confesse rarement.

Que nous prescrit l'Église par les autres paroles du troisième précepte Communier au moins à Pâques, chacun dans sa paroisse ?

Par les autres paroles du troisième précepte : communier au moins à Pâques chacun dans sa paroisse, l'Église oblige tous les chrétiens qui sont arrivés à l'âge de discrétion, à recevoir tous les ans la très sainte Eucharistie, dans leur paroisse, pendant le temps pascal.

Y a-t-il un autre temps en dehors de Pâques, où nous soyons obligés de communier ?

Nous sommes obligés de communier aussi quand nous Sommes en danger de mort.

Pourquoi est-il dit que nous devons communier au moins à Pâques ?

Parce que l'Église désire vivement que non seulement à Pâques, mais le plus souvent possible, nous nous approchions de la sainte Communion qui est la divine nourriture de nos âmes.

Satisfait-on à ce précepte par une confession ou une communion sacrilège ?

On ne satisfait pas au troisième précepte de l'Église par une confession ou une communion sacrilège, parce que l'intention de l'Église est qu'on reçoive ces sacrements pour la fin qui a motivé leur institution, c'est-à-dire pour notre sanctification.

§ 5. Le quatrième précepte de l'Église

Comment observe-t-on le quatrième précepte de l'Église : Payer les dîmes dues à l'Église ?

Le quatrième précepte : Payer les dîmes dues à l'Église, s'observe en payant les offrandes ou prestations qui ont été établies pour reconnaître le souverain domaine de Dieu sur toutes choses, et pour pourvoir à l'honnête subsistance de ses ministres.

Comment doit-on payer les dîmes ?

On doit payer les dîmes sur les choses et de la manière que comporte l'habitude des lieux.

§ 6. Le cinquième précepte de l'Église

Que nous défend l'Église par le cinquième précepte : Ne pas célébrer de mariage en temps prohibé ?

Par le cinquième précepte l'Église ne défend pas la célébration du sacrement de Mariage, mais seulement la solennité des mariages, du premier dimanche de l'Avent à l'Epiphanie et du premier jour de Carême à l'Octave de pâques.

En quoi consiste cette solennité des mariages ?

La solennité des mariages prohibée par ce précepte consiste dans la Messe propre pour les époux, dans la bénédiction nuptiale, et dans la pompe extraordinaire des mariages.

Pourquoi les mariages solennels ne conviennent-ils pas pendant l'Avent et le Carême ?

Les mariages solennels ne conviennent pas pendant l'Avent et le Carême, parce que ce sont des temps spécialement consacrés à la pénitence et à la prière.

5
LES DEVOIRS PARTICULIERS DE CHAQUE ÉTAT ET LES CONSEILS ÉVANGÉLIQUES.

§ 1. Les devoirs d'état.

Qu'est-ce que les devoirs d'état ?
　　Par devoir d'état on entend les obligations particulières que chacun a par suite de son état, de sa condition et de la situation qu'il occupe.

Qui a imposé aux divers états leurs devoirs particuliers ?
C'est Dieu qui a imposé aux divers états leurs devoirs particuliers, parce que ces devoirs dérivent de ses divins commandements.

Comment les devoirs particuliers dérivent-ils des dix commandements ?
Par exemple, dans le quatrième commandement, sous le nom de père et de mère, sont compris encore tous nos supérieurs, et ainsi de ce commandement dérivent tous les devoirs d'obéissance, d'amour et de respect des inférieurs envers leurs supérieurs, et tous les devoirs de vigilance qu'ont les supérieurs envers leurs inférieurs.

De quels commandements dérivent les devoirs des ouvriers, des commerçants, de ceux qui administrent les biens d'autrui et autres semblables ?
Les devoirs de fidélité, de sincérité, de justice, d'équité qu'ils ont, dérivent du septième, du huitième et du dixième commandements qui défendent toute fraude, injustice, négligence et duplicité.

De quel commandement dérivent les devoirs des personnes consacrées à Dieu ?
Les devoirs des personnes consacrées à Dieu dérivent du second comman-

dement qui ordonne d'accomplir les vœux et les promesses faites à Dieu : car c'est ainsi que ces personnes se sont obligées à l'observation de tous les conseils évangéliques ou de quelques-uns.

§ 2. Les conseils évangéliques.

Qu'est-ce que les conseils évangéliques ?
Les conseils évangéliques sont certains moyens suggérés par Jésus-Christ dans le saint Évangile pour atteindre la perfection chrétienne.

Quels sont les conseils évangéliques ?
Les conseils évangéliques sont : la pauvreté volontaire, la chasteté perpétuelle et l'obéissance en tout ce qui n'est pas péché.

A quoi servent les conseils évangéliques ?
Les conseils évangéliques servent à faciliter l'observation des commandements et à mieux assurer le salut éternel.

Pourquoi les conseils évangéliques facilitent-ils l'observation des commandements ?
Les conseils évangéliques facilitent l'observation des commandements parce qu'ils aident à détacher le cœur de l'amour des richesses, des plaisirs et des honneurs, et qu'ainsi ils éloignent du péché.

QUATRIÈME PARTIE : LES SACREMENTS.

1

LES SACREMENTS EN GÉNÉRAL.

§ 1. Nature des sacrements.

De quoi est-il question dans la quatrième partie de la Doctrine chrétienne ?

Dans la quatrième partie de la Doctrine chrétienne il est question des sacrements.

Qu'entend-on par le mot sacrement ?

Par le mot sacrement on entend un signe sensible et efficace de la grâce, parce que tous les sacrements signifient, par le moyen de choses sensibles, la grâce divine qu'ils produisent dans notre âme.

Pourquoi appelez-vous les sacrements signes sensibles et efficaces de la grâce ?

J'appelle les sacrements signes sensibles et efficaces de la grâce, parce que tous les sacrements signifient, par le moyen de choses sensibles, la grâce divine qu'ils produisent dans notre âme.

Expliquez par un exemple comment les sacrements sont des signes sensibles et efficaces de la grâce ?

Dans le Baptême, l'acte par lequel on verse l'eau sur la tête de la personne, et les paroles " Je te baptise (c'est-à-dire je te lave), au nom du Père, du Fils et du Saint-Esprit ", sont un signe sensible de ce que le Baptême opère dans l'âme : de même que l'eau lave le corps, ainsi la grâce donnée par le Baptême purifie l'âme du péché.

Combien g a-t-il de sacrements et quels sont-ils ?

Il y a sept sacrements qui sont : le Baptême, la Confirmation, l'Eucharistie, la Pénitence, l'Extrême-onction, l'Ordre et le Mariage.

Combien faut-il de choses pour faire un sacrement ?

Pour faire un sacrement, il faut la matière, la forme et un ministre qui ait l'intention de faire ce que fait l'Église

Qu'est-ce que la matière des sacrements ?

La matière des sacrements est la chose sensible qu'on emploie pour les faire ; comme, par exemple, l'eau naturelle dans le Baptême, l'huile et le baume dans la Confirmation.

Qu'est-ce que la forme des sacrements ?

La forme des sacrements consiste dans les paroles qu'on prononce pour les faire.

Qu'est-ce que le ministre des sacrements ?

Le ministre des sacrements est la personne qui fait ou confère le sacrement.

§ 2. L'effet principal des sacrements : La Grâce.

Qu'est-ce que la grâce ?

La grâce de Dieu est un don intérieur surnaturel, qui nous est donné sans aucun mérite de notre part, mais par les mérites de Jésus-Christ, en vue de la vie éternelle.

Comment divise-t-on la grâce ?

On divise la grâce en grâce sanctifiante qu'on appelle aussi habituelle, et en grâce actuelle.

Qu'est-ce que la grâce sanctifiante ?

La grâce sanctifiante est un don surnaturel inhérent à notre âme, qui nous rend justes, enfants adoptifs de Dieu et héritiers du paradis.

Combien y a-t-il de sortes de grâce sanctifiante ?

Il y a deux sortes de grâce sanctifiante : la grâce première et la grâce seconde.

Qu'est-ce que la grâce première ?

La grâce première est celle par laquelle l'homme passe de l'état de péché mortel à l'état de justice.

Et qu'est-ce que la grâce seconde ?

La grâce seconde est un accroissement de la grâce première.

Qu'est-ce que la grâce actuelle ?

La grâce actuelle est un don surnaturel qui illumine notre esprit, meut et fortifie notre volonté, pour que nous fassions le bien et évitions le mal.

Pouvons-nous résister à la grâce de Dieu ?

Oui, nous pouvons résister à la grâce de Dieu, car elle ne détruit pas notre libre arbitre.

Par nos seules forces pouvons-nous faire quelque chose pour la vie éternelle ?

Sans le secours de la grâce de Dieu, par nos seules forces, nous ne pouvons rien faire pour la vie éternelle.

Comment Dieu nous communique-t-il la grâce ?

Dieu nous communique la grâce principalement par le moyen des sacrements.

Outre la grâce sanctifiante, les sacrements nous confèrent-ils une autre grâce ?

Outre la grâce sanctifiante, les sacrements confèrent aussi la grâce sacramentelle.

Qu'est-ce que la grâce sacramentelle ?

La grâce sacramentelle consiste dans le droit qu'on acquiert en recevant un sacrement quelconque, d'avoir, en temps opportun, les grâces actuelles nécessaires pour remplir les obligations qui dérivent du sacrement reçu. Ainsi, lorsque nous avons été baptisés, nous avons reçu le droit d'avoir les grâces nécessaires pour vivre chrétiennement.

Les sacrements donnent-ils toujours la grâce à celui qui les reçoit ?

Les sacrements donnent toujours la grâce pourvu qu'on les reçoive avec les dispositions nécessaires.

Qui a donné aux sacrements la vertu de conférer la grâce ?

C'est Jésus-Christ qui, par sa passion et sa mort, a donné aux sacrements la vertu de conférer la grâce.

Quels sont les sacrements qui confèrent la première grâce sanctifiante ?

Les sacrements qui confèrent la première grâce sanctifiante et, par là, nous rendent amis de Dieu, sont au nombre de deux : le Baptême et la Pénitence.

Comment, en conséquence, appelle-t-on ces deux sacrements ?

Ces deux sacrements, c'est-à-dire le Baptême et la Pénitence, s'appellent sacrements des morts, parce qu'ils sont établis principalement pour rendre aux âmes mortes par le péché, la vie de la grâce.

Quels sont les sacrements qui augmentent la grâce en celui qui la possède ?

Les sacrements qui augmentent la grâce en celui qui la possède sont les cinq autres, donc la Confirmation, l'Eucharistie, l'Extrême-onction, l'Ordre et le Mariage, qui donnent la grâce seconde.

Comment s'appellent par suite ces cinq sacrements ?

Ces cinq sacrements, à savoir : la Confirmation, l'Eucharistie, l'Extrême-onction, l'Ordre et le Mariage, s'appellent sacrements des vivants, parce que ceux qui les reçoivent doivent être exempts de péché mortel, c'est-à-dire déjà vivants par la grâce sanctifiante.

Quel péché commet celui qui reçoit un des sacrements des vivants en sachant qu'il n'est pas en état de grâce ?

Celui qui reçoit un des sacrements des vivants en sachant qu'il n'est pas en état de grâce, commet un grave sacrilège.

Quels sont les sacrements les plus nécessaires pour notre salut ?

Les sacrements les plus nécessaires pour notre salut sont le Baptême et la Pénitence. Le Baptême est nécessaire à tous absolument. Et la Pénitence est nécessaire à tous ceux qui ont péché mortellement après le Baptême.

Quel est le plus grand de tous les sacrements ?

Le plus grand de tous les sacrements est le sacrement de l'Eucharistie, parce qu'il contient non seulement la grâce, mais encore Jésus-Christ, auteur de la grâce et des sacrements.

§ 3. Le caractère imprimé par certains sacrements

Quels sont les sacrements qu'on ne peut recevoir qu'une fois ?

Les sacrements qu'on ne peut recevoir qu'une fois sont au nombre de trois : le Baptême, la Confirmation et l'Ordre.

Pourquoi ces trois sacrements, le Baptême, la Confirmation et l'Ordre, ne peuvent-ils être reçus qu'une fois ?

Ces trois sacrements, le Baptême, la Confirmation et l'Ordre ne peuvent être reçus qu'une fois parce qu'ils impriment un caractère.

Qu'est-ce que le caractère imprimé dans l'âme par chacun de ces trois sacrements

Le caractère imprimé dans l'âme par chacun de ces trois sacrements est un signe spirituel qui ne peut plus s'effacer.

A quoi sert le caractère qu'impriment dans l'âme ces trois sacrements ?

Le caractère qu'impriment dans l'âme ces trois sacrements Sert à nous marquer dans le Baptême comme membres de Jésus-Christ, dans la Confirmation comme ses soldats, dans l'Ordre comme ses ministres.

2

LE BAPTÊME.

§ 1. Nature et effets du baptême.

Qu'est-ce que le sacrement de Baptême ?

Le Baptême est le sacrement par lequel nous renaissons à la grâce de Dieu et nous devenons chrétiens.

Quels sont les effets du sacrement de Baptême ?

Le sacrement de Baptême confère la première grâce sanctifiante qui efface le péché originel et aussi le péché actuel s'il existe. Il remet toute la peine due pour ces péchés, imprime le caractère de chrétien, nous fait enfants de Dieu, membres de l'Église et héritiers du paradis, et nous rend capables de recevoir les autres sacrements.

Quelle est la matière du Baptême ?

La matière du Baptême est l'eau naturelle qu'on verse sur la tête de celui qu'on baptise, en assez grande quantité pour qu'elle coule.

Quelle est la forme du Baptême ?

La forme du Baptême est celle-ci : " Je te baptise au nom du Père et du Fils et du Saint-Esprit ".

§ 2. Ministre du baptême.

A qui appartient-il de donner le Baptême ?

Donner le Baptême appartient de droit aux Évêques et curés, mais en cas de nécessité, toute personne peut le donner, que ce soit un homme ou une femme, même un hérétique ou un infidèle, pourvu qu'il accomplisse le rite du Baptême et qu'il ait l'intention de faire ce que fait l'Église

S'il y avait nécessité de baptiser quelqu'un en danger de mort et qu'il se trouvât plusieurs personnes présentes, laquelle devrait donner le baptême ?

S'il y avait nécessité de baptiser quelqu'un en danger de mort et qu'il se trouvât plusieurs personnes présentes ; s'il y avait un prêtre, c'est lui qui devrait le baptiser ; en son absence un ecclésiastique d'ordre inférieur ; et en l'absence de celui-ci, un homme laïque de préférence à une femme, à moins que celle-ci ne sache mieux faire ou que la décence n'exige que ce soit elle.

Quelle intention doit avoir celui qui baptise ?

Celui qui baptise doit avoir l'intention de faire ce que fait l'Église dans le Baptême.

§ 3. Rite du Baptême et dispositions de celui qui le reçoit à l'âge de raison.

Comment fait-on pour donner le Baptême ?

On donne le Baptême en versant de l'eau sur la tête de celui qu'on baptise, et si on ne peut pas sur la tête, sur quelque autre partie principale du corps, et en disant en même temps : " Je te baptise au nom du Père et du Fils et du Saint-Esprit ".

Si l'un versait l'eau et que l'autre prononçât les paroles, la personne serait-elle baptisée ?

Si l'un versait l'eau et que l'autre prononçât les paroles, la personne ne serait pas baptisée : il est nécessaire que ce soit la même personne qui verse l'eau et prononce les paroles.

Si on a un doute que la personne soit morte, doit-on négliger de la baptiser ?

Si on a un doute que la personne soit morte, on doit la baptiser sous condition en disant : " Si tu es en vie, je te baptise au nom du Père et du Fils et du Saint-Esprit ".

Quand doit-on porter les enfants à l'Église pour les faire baptiser ?

On doit porter les enfants à l'église pour les faire baptiser le plus tôt possible.

Pourquoi doit-on mettre tant d'empressement à faire recevoir le baptême aux enfants ?

On doit mettre tant d'empressement à faire baptiser les enfants parce que, à cause de la fragilité de leur âge, ils sont exposés à bien des dangers de mourir et qu'ils ne peuvent se sauver sans le Baptême.

Ils pèchent donc les pères et les mères qui par leur négligence laissent mourir leurs enfants sans Baptême, ou même qui le diffèrent simplement ?

Oui, les pères et les mères qui, par leur négligence, laissent mourir leurs enfants sans Baptême pèchent gravement, parce qu'ils privent leurs enfants de la vie éternelle. Ils pèchent même gravement en différant longtemps le Baptême, parce qu'ils les exposent au danger de mourir sans l'avoir reçu.

Quand celui qui est baptisé a atteint l'âge de raison, quelles dispositions doit-il avoir ?

L'adulte qu'on baptise doit, outre la foi, avoir la douleur au moins imparfaite des péchés mortels qu'il aurait commis.

Si un adulte était baptisé en état de péché mortel sans avoir cette douleur, que recevrait-il ?

Si un adulte était baptisé en état de péché mortel sans avoir cette douleur, il recevrait le caractère du Baptême mais non la rémission des péchés ni la grâce sanctifiante. Et ces effets resteraient suspendus tant que l'empêchement n'aurait pas été levé par la douleur parfaite des péchés ou par le sacrement de Pénitence.

§ 4. Nécessité du Baptême et devoirs du baptisé

Le Baptême est-il nécessaire pour être sauvé ?

Le Baptême est absolument nécessaire pour être sauvé, car le Seigneur a dit expressément : " Celui qui ne renaîtra pas dans l'eau et le Saint-Esprit ne pourra entrer dans le royaume des cieux ".

Peut-on suppléer en quelque manière au défaut du Baptême ?

Le défaut du sacrement de Baptême peut être suppléé par le martyre qu'on appelle Baptême de sang, ou par un acte de parfait amour de Dieu ou de contrition joint au désir au moins implicite du Baptême, et ceci s'appelle Baptême de désir.

A quoi s'oblige celui qui reçoit le Baptême ?

Celui qui reçoit le Baptême s'oblige à professer toujours la foi et à pratiquer la loi de Jésus-Christ et de son Église

A quoi renonce-t-on en recevant le saint Baptême ?

En recevant le saint Baptême, on renonce pour toujours au démon, à ses œuvres et à ses pompes.

Qu'entend-on par les œuvres ou par les pompes du démon ?

Par les œuvres et les pompes du démon, on entend les péchés et les maximes du monde contraires aux maximes du saint Évangile

§ 5. Le nom et les parrains.

Pourquoi impose-t-on le nom d'un Saint à celui qu'on baptise ?

On impose le nom d'un Saint à celui qu'on baptise pour le mettre sous la protection spéciale d'un patron céleste et pour l'animer à imiter ses exemples.

Qu'est-ce que les parrains et marraines du Baptême ?

Les parrains et les marraines du Baptême sont les personnes qui, par une disposition de l'Église, tiennent les enfants sur les fonts baptismaux, répondent pour eux et se rendent garants devant Dieu de leur éducation chrétienne, spécialement si les parents y manquaient.

Sommes-nous obligés de tenir les promesses et renonciations que nos parrains ont faites pour nous ?

Nous sommes certainement obligés de tenir les promesses et renonciations que nos parrains ont faites pour nous, parce que Dieu ne nous a reçus dans sa grâce qu'à cette condition.

Quelles personnes doit-on choisir pour parrains et marraines ?

On doit choisir pour parrains et marraines des personnes catholiques, de bonnes mœurs et qui obéissent aux lois de l'Église

Quelles sont les obligations des parrains et des marraines ?

Les parrains et les marraines sont obligés d'avoir soin que leurs fils spirituels soient instruits des vérités de la foi et vivent en bons chrétiens, et de les édifier par leur bon exemple.

Quel lien contractent les parrains dans le Baptême ?

Les parrains contractent une parenté spirituelle avec le baptisé et avec ses parents, d'où résulte un empêchement de mariage avec eux.

3

LA CONFIRMATION.

Qu'est-ce que le sacrement de Confirmation ?
La Confirmation est un sacrement qui nous donne le Saint-Esprit, imprime dans notre âme le caractère de soldats du Christ et nous rend parfaits chrétiens.

Comment le sacrement de Confirmation nous rend-il parfaits chrétiens ?
La Confirmation nous rend parfaits chrétiens parce qu'elle nous confirme dans la foi et perfectionne les autres vertus et les dons que nous avons reçus dans le saint Baptême et c'est de là que lui vient son nom de Confirmation.

Quels sont les dons du Saint-Esprit, qu'on reçoit dans la Confirmation ?
Les dons du Saint-Esprit qu'on reçoit dans la Confirmation sont les sept suivants : la Sagesse, l'Intelligence, le Conseil, la Force, la Science, la Piété et la Crainte de Dieu.

Quelle est la matière de ce sacrement ?
La matière de ce sacrement, outre l'imposition des mains de l'Évêque, est l'onction faite sur le front du baptisé avec le saint Chrême : c'est pour cela qu'on l'appelle aussi Onction.

Qu'est-ce que le saint Chrême ?
Le saint Chrême est de l'huile d'olive mêlée avec du baume et consacrée par l'Évêque le Jeudi-Saint.

Que signifient l'huile et le baume dans ce sacrement ?
Dans ce sacrement l'huile qui s'étend et fortifie, signifie l'abondance de la grâce qui se répand dans l'âme du chrétien pour le confirmer dans la foi ; et le baume, qui est odorant et préserve de la corruption, signifie que le chrétien,

fortifié par cette grâce, est capable de répandre la bonne odeur des vertus chrétiennes et de se préserver de la corruption des vices.

Quelle est la forme du sacrement de Confirmation ?

La forme du sacrement de Confirmation est celle-ci : " Je te signe du signe de la Croix et te confirme avec le Chrême du salut, au nom du Père et du Fils et du Saint-Esprit. Ainsi soit-il ".

Quel est le ministre du sacrement de Confirmation ?

Le ministre ordinaire du sacrement de Confirmation est l'Évêque seul.

Avec quelles cérémonies l'Évêque administre-t-il la confirmation ?

L'Évêque, pour administrer le sacrement de Confirmation, étend d'abord les mains sur les confirmands en invoquant sur eux le Saint-Esprit ; puis il fait une onction en forme de croix avec le saint Chrême sur le front de chacun, en disant les paroles de la forme ; ensuite, de la main droite, il donne un léger soufflet sur la joue du confirmé en lui disant : " La paix soit avec toi " ; enfin il bénit solennellement tous les confirmés.

Pourquoi l'onction est-elle faite sur le front ?

L'onction est faite sur le front, où apparaissent les signes de la crainte et de la honte, afin que le confirmé comprenne qu'il ne doit pas rougir du nom et de la profession de chrétien, ni avoir peur des ennemis de la foi.

Pourquoi l'Évêque donne-t-il un léger soufflet au confirmé ?

L'Évêque donne un léger soufflet au confirmé pour qu'il sache qu'il doit être prêt à souffrir toute sorte d'affront et de peine pour la foi de Jésus-Christ.

Tout le monde doit-il faire en sorte de recevoir le sacrement de Confirmation ?

Oui, chacun doit faire en sorte de recevoir le sacrement de Confirmation et de le faire recevoir à ceux qui dépendent de lui.

A quel âge est-il bon de recevoir le sacrement de Confirmation ?

L'âge où il est bon de recevoir le sacrement de Confirmation est celui de sept ans environ ; parce qu'alors commencent habituellement les tentations et qu'on peut connaître suffisamment la grâce de ce sacrement et se rappeler qu'on l'a reçu.

Quelles dispositions faut-il pour recevoir le sacrement de Confirmation ?

Pour recevoir dignement le sacrement de Confirmation, il faut être en état de grâce, savoir les principaux mystères de notre sainte foi, et s'en approcher avec respect et dévotion.

Celui qui recevrait la Confirmation une seconde fois pécherait-il ?

Il commettrait un sacrilège, parce que la Confirmation est un de ces sacrements qui impriment un caractère dans l'âme et que, par suite, on ne peut recevoir qu'une fois.

Que doit faire le chrétien, pour conserver la grâce de la Confirmation ?

Pour conserver la grâce de la Confirmation, le chrétien doit prier souvent, faire de bonnes œuvres, et vivre selon la loi de Jésus-Christ, sans respect humain.

Pourquoi y a-t-il aussi des parrains et des marraines dans la Confirmation ?

Afin que, par leurs paroles et leurs exemples, ils guident le confirmé dans la voie du salut et qu'ils le soutiennent dans le combat spirituel.

Quelles conditions sont requises dans le parrain ?

Le parrain doit être d'âge convenable, catholique, confirmé, instruit des choses les plus nécessaires de la religion et de bonnes mœurs

Le parrain de la Confirmation ne contracte-t-il aucune parenté avec le confirmé et ses parents ?

Le parrain de la Confirmation contracte la même parenté spirituelle que celui du Baptême.

4

L'EUCHARISTIE.

§ 1. La nature de l'Eucharistie et la présence réelle de Jésus-Christ dans ce sacrement.

Qu'est-ce que le sacrement d'Eucharistie ?

L'Eucharistie est un sacrement qui, par l'admirable changement de toute la substance du pain au Corps de Jésus-Christ et de celle du vin en son Sang précieux, contient vraiment, réellement et substantiellement le Corps, le Sang, l'Âme et la Divinité de Jésus-Christ Notre Seigneur, sous les espèces du pain et du vin, pour être notre nourriture spirituelle.

Y a-t-il dans l'Eucharistie le même Jésus-Christ qui est dans le ciel et qui est né de la très Sainte Vierge sur cette terre ?

Oui, dans l'Eucharistie, il y a vraiment le même Jésus-Christ qui est dans le ciel et qui est né de la Très Sainte Vierge sur la terre.

Pourquoi croyez-vous que dans le sacrement de l'Eucharistie, Jésus-Christ est vraiment présent ?

Je crois que, dans le sacrement de l'Eucharistie, Jésus-Christ est vraiment présent, parce que Lui-même l'a dit et que la sainte Église me l'enseigne.

Quelle est la matière du sacrement de l'Eucharistie ?

La matière du sacrement de l'Eucharistie est celle qui fut employée par Jésus-Christ, c'est-à-dire le pain de froment et le vin de la vigne.

Quelle est la forme du sacrement de l'Eucharistie ?

La forme du sacrement de l'Eucharistie consiste dans les paroles employées par Jésus-Christ : " Ceci est mon Corps ; ceci est mon Sang ".

Qu'est-ce donc que l'hostie avant la consécration ?

L'hostie, avant la consécration, c'est du pain.

Après la consécration qu'est l'hostie ?

Après la consécration, l'hostie est le vrai Corps de Notre Seigneur Jésus-Christ sous les espèces du pain.

Dans le calice avant la consécration, qu'y a-t-il ?

Dans le calice, avant la consécration, il y a du vin avec quelques gouttes d'eau.

Après la consécration, qu'y a-t-il dans le calice ?

Après la consécration, dans le calice, il y a le vrai Sang de Notre Seigneur Jésus-Christ sous les espèces du vin.

Quand se fait le changement du pain au Corps et du vin au Sang de Jésus-Christ ?

Le changement du pain au Corps et du vin au Sang de Jésus-Christ se fait au moment même où le prêtre, pendant la sainte Messe, prononce les paroles de la consécration.

Qu'est-ce que la consécration ?

La consécration est le renouvellement, par le ministère du prêtre, du miracle opéré par Jésus-Christ changeant à la dernière Cène le pain et le vin en son Corps et en son Sang adorables par ces mots : " Ceci est mon Corps ; ceci est mon Sang ".

Comment l'Église appelle-t-elle le miraculeux changement du pain et du vin au Corps et au Sang de Jésus-Christ ?

Le miraculeux changement qui s'opère chaque jour sur nos autels est appelé par l'Église transsubstantiation.

Qui a donné une telle puissance aux paroles de la consécration ?

C'est Notre Seigneur Jésus-Christ Lui-même, Dieu tout-puissant, qui a donné une telle puissance aux paroles de la consécration.

Après la consécration ne reste-t-il rien du pain et du vin ?

Après la consécration il reste seulement les espèces du pain et du vin.

Qu'appelle-t-on espèces du pain et du vin ?

On appelle espèces la quantité et les qualités sensibles du pain et du vin comme : la forme, la couleur, la saveur.

Comment les espèces du pain et du vin peuvent-elles rester sans leur substance ?

Les espèces du pain et du vin restent merveilleusement sans leur substance par la vertu du Dieu tout-puissant.

Sous les espèces du pain n'y a-t-il que le Corps de Jésus-Christ, et sous les espèces du vin n'y a-t-il que son Sang ?

Autant sous les espèces du pain que sous les espèces du vin, Jésus-Christ est vivant et tout entier dans son Corps, son Sang, son Âme et sa Divinité.

Sauriez-vous me dire pourquoi Jésus-Christ est tout entier aussi bien dans l'hostie que dans le calice ?

Jésus-Christ est tout entier aussi bien dans l'hostie que dans le calice parce que, dans l'Eucharistie, il est vivant et immortel comme dans le ciel. Par conséquent, là où est son Corps, il y a aussi son Sang, son Âme et sa Divinité ; et là où est son Sang, il y a aussi son Corps, son Âme et sa Divinité, car en Jésus-Christ tout cela est inséparable.

Quand Jésus-Christ est dans l'hostie, cesse-t-il d'être au ciel ?

Quand Jésus-Christ est dans l'hostie, il ne cesse pas d'être au ciel, mais il se trouve en même temps au ciel et dans le Très Saint Sacrement.

Jésus-Christ se trouve-t-il dans toutes les hosties consacrées du monde ?

Oui, Jésus-Christ se trouve dans toutes les hosties consacrées.

Comment peut-il se faire que Jésus-Christ se trouve dans toutes les hosties consacrées ?

Jésus-Christ se trouve dans toutes les hosties consacrées par la toute-puissance de Dieu à qui rien n'est impossible.

Quand on divise l'hostie, divise-t-on le Corps de Jésus-Christ ?

Quand on divise l'hostie on ne divise pas le Corps de Jésus-Christ, on divise seulement les espèces du pain.

Dans quelle partie de l'hostie reste le Corps de Jésus-Christ ?

Le Corps de Jésus-Christ reste tout entier dans toutes les parties en lesquelles l'hostie a été divisée.

Jésus-Christ est-il autant dans la parcelle d'une hostie que dans une grande hostie ?

Dans une grande hostie comme dans la parcelle d'une hostie, c'est toujours le même Jésus-Christ.

Pour quel motif conserve-t-on dans les églises la très sainte Eucharistie ?

On conserve dans les églises la très sainte Eucharistie pour qu'elle soit adorée par les fidèles et portée aux malades quand ils en ont besoin.

Doit-on adorer l'Eucharistie ?

L'Eucharistie doit être adorée de tout le monde parce qu'elle contient vraiment, réellement et substantiellement Notre Seigneur Jésus-Christ.

§ 2. L'institution et les effets du sacrement de l'Eucharistie.

Quand est-ce que Jésus-Christ a institué le sacrement de l'Eucharistie ?

Jésus-Christ a institué le sacrement de l'Eucharistie dans la dernière cène qu'il fit avec ses disciples, le soir qui précéda sa passion.

Pourquoi Jésus-Christ a-t-il institué la très sainte Eucharistie ?

Jésus-Christ a institué la très sainte Eucharistie pour trois raisons principales :

1 pour qu'elle soit le sacrifice de la nouvelle loi ;

2 pour qu'elle soit la nourriture de notre âme ;

3 pour qu'elle soit un mémorial perpétuel de sa passion et de sa mort, et un gage précieux de son amour envers nous et de la vie éternelle.

Pourquoi Jésus-Christ a-t-il institué ce sacrement sous les espèces du pain et du vin ?

Jésus-Christ a institué ce sacrement sous les espèces du pain et du vin, parce que l'Eucharistie devait être notre nourriture spirituelle et qu'il était par suite convenable qu'elle nous fût donnée sous forme d'aliment et de breuvage.

Quels effets produit en nous la très sainte Eucharistie ?

Voici les principaux effets que produit la très sainte Eucharistie en celui qui la reçoit dignement :

1 elle conserve et accroît la vie de l'âme qui est la grâce, comme la nourriture matérielle soutient et accroît la vie du corps ;

2 elle remet les péchés véniels et préserve des péchés mortels ;

3 elle produit la consolation spirituelle.

La très sainte Eucharistie ne produit-elle pas en nous d'autres effets ?

Si, la très sainte Eucharistie produit encore en nous trois autres effets, à savoir :

1 elle affaiblit nos passions et, en particulier, elle amortit en nous le feu de la concupiscence ;

2 elle accroît en nous la ferveur et nous aide à agir en conformité avec les désirs de Jésus-Christ ;

3 elle nous donne un gage de la gloire future et de la résurrection de notre corps.

§ 3. Les dispositions nécessaires pour bien communier.

Le sacrement de l'Eucharistie produit-il toujours en .nous ses merveilleux effets ?

Le sacrement de l'Eucharistie produit en nous ses merveilleux effets quand il est reçu avec les dispositions nécessaires.

Combien de choses sont nécessaires pour faire une bonne Communion ?

Pour faire une bonne Communion trois choses sont nécessaires :

1 être en état de grâce ;

2 être à jeun depuis minuit jusqu'au moment de la Communion ;

3 savoir ce qu'on va recevoir et s'approcher de la sainte Communion avec dévotion.

Qu'est-ce qu'être en état de grâce ?

Être en état de grâce, c'est avoir la conscience pure de tout péché mortel.

Que doit faire, avant de communier, celui qui sait être en état de péché mortel ?

Celui qui sait être en état de péché mortel, doit, avant de communier, faire une bonne confession ; car l'acte de contrition parfaite, sans la confession, ne suffit pas à celui qui est en état de péché mortel pour communier comme il faut.

Pourquoi l'acte de contrition parfaite ne suffit-il pas, quand on est en état de péché mortel, pour pouvoir communier ?

Parce que l'Église a établi, par respect pour ce sacrement, que celui qui est coupable de péché mortel n'aille pas faire la sainte Communion si, auparavant, il ne s'est pas confessé.

Celui qui communierait en état de péché mortel recevrait-il Jésus-Christ ?

Celui qui communierait en état de péché mortel recevrait Jésus-Christ, mais il ne recevrait pas sa grâce ; il commettrait même un sacrilège et encourrait la sentence de damnation.

Quel est le jeûne requis avant la Communion ?

Le jeûne requis avant la Communion est le jeûne naturel, qui est rompu par la moindre chose prise par manière d'aliment ou de breuvage.

Celui qui avale quelque chose resté dans les dents ou quelque goutte d'eau entrée dans la bouche, peut-il encore communier ?

Celui qui avale quelque chose resté dans les dents ou quelque goutte d'eau en faisant sa toilette, peut encore communier ; parce qu'alors, ou bien ces choses ne sont pas prises par manière d'aliment ou de breuvage, ou bien elles en ont perdu la nature.

N'est-il jamais permis de communier sans être à jeun ?

Communier sans être à jeun est permis aux malades qui sont en danger de mort, et à ceux qui ont obtenu une permission spéciale du Pape en raison d'une maladie qui se prolonge. La Communion faite par les malades en danger de mort s'appelle Viatique, parce qu'elle les soutient dans le voyage qu'ils font de cette vie à l'éternité.

Que veulent dire ces mots : savoir ce qu'on va recevoir ?

Savoir ce qu'on va recevoir, veut dire : connaître ce qu'enseigne la Doctrine chrétienne au sujet de ce sacrement et le croire fermement.

Que veut dire : communier avec dévotion ?

Communier avec dévotion, c'est s'approcher de la sainte Communion avec humilité et modestie, dans sa personne comme dans ses habits, et faire la préparation avant la sainte Communion et l'action de grâces après.

En quoi consiste la préparation avant la Communion ?

La préparation avant la Communion consiste à s'arrêter quelques instants à considérer qui nous allons recevoir et qui nous sommes ; et à faire des actes de foi, d'espérance, de charité, de contrition, d'adoration, d'humilité et de désir de recevoir Jésus-Christ.

En quoi consiste l'action de grâces après la Communion ?

L'action de grâces après la Communion consiste à rester dans le recueillement, honorant la présence du Seigneur en nous et renouvelant les actes de foi, d'espérance, de charité, d'adoration, de remerciement, d'offrande et de demande, demandant surtout les grâces qui nous sont le plus nécessaires à nous et à ceux pour lesquels nous sommes obligés de prier.

Que doit-on faire le jour de la Communion ?

Le jour de la Communion on doit se tenir le plus possible dans le recueillement, s'occuper à des œuvres de piété et remplir avec un plus grand soin les devoirs de son état.

Combien de temps Jésus-Christ reste-t-il en nous après la sainte Communion ?

Après la sainte Communion Jésus-Christ reste en nous par sa grâce aussi longtemps que nous ne péchons pas mortellement ; et par sa présence réelle il reste tant que les espèces sacramentelles ne sont pas consommées.

§ 4. La manière de communier.

Comment faut-il se tenir au moment de recevoir la sainte Communion ?

Au moment de recevoir la sainte Communion, il faut être à genoux, tenir la tête médiocrement levée, les yeux modestement tournés vers la sainte Hostie, la bouche suffisamment ouverte et la langue un peu avancée sur la lèvre inférieure.

Comment faut-il tenir la nappe ou la tablette de Communion ?

Il faut tenir la nappe ou la tablette de Communion de telle sorte qu'elle reçoive la sainte Hostie si elle venait à tomber.

Quand doit-on avaler la sainte Hostie ?

Nous devons faire en sorte d'avaler la sainte Hostie le plus tôt possible, et nous abstenir de cracher pendant quelque temps.

Si la sainte Hostie s'attachait au palais, que faudrait-il faire ?

Si la sainte Hostie s'attachait au palais, il faudrait la détacher avec la langue, et jamais avec le doigt.

§ 5. Le précepte de la communion.

Quand y a-t-il obligation de communier ?

Il y a obligation de communier tous les ans, à Pâques, chacun dans sa paroisse ; et de plus, quand on est en danger de mort.

A quel âge commence à obliger le commandement de la Communion pascale ?

Le commandement de la Communion pascale commence à obliger à l'âge où l'enfant est capable de s'en approcher avec les dispositions requises.

Ceux qui ont l'âge d'être admis à la Communion et qui ne communient pas pèchent-ils ?

Ceux qui, ayant l'âge d'être admis à la Communion, ne communient pas, ou parce qu'ils ne veulent pas ou parce que, par leur faute, ils ne sont pas instruits, pèchent certainement. Leurs parents ou ceux qui les remplacent pèchent de leur côté si le retard de la Communion arrive par leur faute et ils devront en rendre un grand compte à Dieu.

Est-il bon et utile de communier souvent ?

Il est très bon de communier souvent, et même chaque jour, selon le désir de l'Église, pourvu qu'on le fasse avec les dispositions requises.

Avec quelle fréquence peut-on s'approcher de la sainte Table ?

On peut s'approcher de la sainte Table aussi souvent que le conseil en est donné par un pieux et docte confesseur.

LE SAINT SACRIFICE DE LA MESSE.

§ 1. L'essence, l'institution et les fins du saint sacrifice de la Messe.

L'Eucharistie doit-elle être considérée seulement comme un sacrement ?

L'Eucharistie n'est pas seulement un sacrement ; elle est aussi le sacrifice permanent de la nouvelle loi, que Jésus-Christ a laissé à son Église, afin de s'offrir à Dieu par les mains de ses prêtres.

En quoi consiste, en général, le sacrifice ?

Le sacrifice, en général, consiste à offrir à Dieu une chose sensible et à la détruire en quelque manière pour reconnaître son souverain domaine sur nous et sur toutes choses.

Comment s'appelle ce sacrifice de la nouvelle loi ?

Ce sacrifice de la nouvelle loi s'appelle la sainte Messe.

Qu'est-ce donc que la sainte Messe ?

La sainte Messe est le sacrifice du Corps et du Sang de Jésus-Christ, offert sur nos autels sous les espèces du pain et du vin en souvenir du sacrifice de la Croix.

Le sacrifice de la Messe est-il le même que celui de la Croix ?

Le sacrifice de la Messe est substantiellement le même que celui de la Croix en ce que c'est le même Jésus-Christ qui s'est offert sur la Croix et qui s'offre par les mains des prêtres, ses ministres, sur nos autels ; mais dans la manière dont il est offert, le sacrifice de la Messe diffère du sacrifice de la Croix, tout en gardant avec celui-ci la plus intime et la plus essentielle relation.

Quelle différence et quelle relation y a-t-il entre le sacrifice de la Messe et le sacrifice de la Croix ?

Entre le sacrifice de la Messe et le sacrifice de la Croix il y a cette différence et cette relation que, sur la Croix, Jésus-Christ s'est offert en répandant son Sang et en méritant pour nous ; tandis que sur les autels, il se sacrifie sans effusion de sang et nous applique les fruits de sa Passion et de sa Mort.

Quelle autre relation le sacrifice de la Messe a-t-il avec celui de la Croix ?

Une autre relation du sacrifice de la Messe avec celui de la Croix est que le sacrifice de la Messe représente d'une manière sensible l'effusion du sang de Jésus-Christ sur la Croix ; car en vertu des paroles de la consécration, le Corps seul de notre Sauveur devient présent sous l'espèce du pain et son Sang seul sous l'espèce du vin ; et ce n'est que par concomitance naturelle et à cause de l'union hypostatique que Jésus-Christ vivant et véritable est présent sous chacune des espèces.

Peut-être le sacrifice de la Croix n'est il pas l'unique sacrifice de la nouvelle loi ?

Le sacrifice de la Croix est l'unique sacrifice de la loi nouvelle, car par lui Notre Seigneur a apaisé la justice Divine, acquis tous les mérites nécessaires pour nous sauver et accompli ainsi de son côté notre Rédemption.

Ce sont ces mérites qu'il nous applique par les moyens qu'il a institués dans son Église, au nombre desquels est le saint sacrifice de la Messe.

Pour quelles fins offre-t-on le sacrifice de la sainte Messe ?

On offre à Dieu le sacrifice de la sainte Messe pour quatre fins :

1 pour lui rendre l'honneur qui lui est dû, et à ce point de vue le sacrifice est latreutique ;

2 pour le remercier de ses bienfaits, et à ce point de vue le sacrifice est eucharistique ;

3 pour l'apaiser, lui donner la satisfaction due pour nos péchés, soulager les âmes du purgatoire, et à ce point de vue le sacrifice est propitiatoire ;

4 pour obtenir toutes les grâces qui nous sont nécessaires, et à ce point de vue le sacrifice est impétratoire.

Qui est-ce qui offre à Dieu le sacrifice de la sainte Messe ?

Le premier et le principal dans l'oblation du sacrifice de la sainte Messe est Jésus-Christ, et le prêtre est le ministre qui, au nom de Jésus-Christ, offre ce sacrifice au Père Éternel

Qui a institué le sacrifice de la sainte Messe ?

C'est Jésus-Christ lui-même qui a institué le sacrifice de la sainte Messe quand il a institué le sacrement d'Eucharistie, et il dit qu'on le fit en souvenir de sa Passion.

A qui offre-t-on la sainte Messe ?

On offre la sainte Messe à Dieu seul.

Si on offre la sainte Messe à Dieu seul, pourquoi célèbre-t-on tant de messes en l'honneur de la très sainte Vierge et des Saints ?

La Messe célébrée en l'honneur de la sainte Vierge et des Saints est toujours un sacrifice offert à Dieu seul ; aussi, on dit qu'elle est célébrée en l'honneur de la très sainte Vierge et des Saints, pour remercier Dieu des dons qu'il leur a faits et obtenir de lui plus abondamment par leur intercession les grâces dont nous avons besoin.

Qui participe aux fruits de la sainte Messe ?

Toute l'Église participe aux fruits de la sainte Messe, mais particulièrement :

1 le prêtre et ceux qui assistent à la Messe et qui sont considérés comme unis au prêtre ;

2 ceux pour qui la Messe est appliquée et ils peuvent être des vivants ou des défunts.

§ 2. La manière d'assister à la Messe.

Combien de choses sont nécessaires pour entendre bien et avec fruit la sainte Messe ?

Pour entendre bien et avec fruit la sainte Messe deux choses sont nécessaires :

1 la modestie extérieure ;

2 la dévotion du cœur

En quoi consiste la modestie extérieure ?

La modestie extérieure consiste spécialement à être modestement vêtu, à observer le silence et le recueillement, et à se tenir autant que possible à genoux, excepté pendant les deux évangiles qu'on entend debout.

En entendant la sainte Messe, quelle est la meilleure manière de pratiquer la dévotion du cœur ?

La meilleure manière de pratiquer la dévotion du cœur en entendant la sainte Messe est la suivante :

1 unir dès le commencement son intention à celle du prêtre, offrant à Dieu le saint sacrifice pour les fins pour lesquelles il a été institué ;

2 suivre le prêtre en chacune des prières et des actions du sacrifice ;

3 méditer la passion et la mort de Jésus-Christ et détester de tout son cœur les péchés qui en ont été la cause ;

4 faire la Communion sacramentelle, ou au moins la Communion spirituelle pendant que le prêtre communie.

Qu'est-ce que la Communion spirituelle ?

La Communion spirituelle est un grand désir de s'unir sacramentellement à Jésus-Christ, en disant, par exemple : " Mon Seigneur Jésus-Christ, je désire de tout mon cœur de m'unir à Vous maintenant et pour toute l'éternité " et en faisant les mêmes actes qu'on fait avant et après la Communion sacramentelle.

La récitation du Rosaire ou d'autres prières pendant la sainte Messe empêche-t-elle de l'entendre avec fruit ?

La récitation de ces prières n'empêche pas d'entendre la Messe avec fruit, pourvu qu'on tâche le plus possible de suivre les cérémonies du saint sacrifice.

Fait-on bien de prier aussi pour les autres en assistant à la sainte Messe ?

On fait bien de prier aussi pour les autres en assistant à la sainte Messe, et même le temps de la sainte Messe est le meilleur pour prier à l'intention des vivants et des morts.

Que faudrait-il faire quand la Messe est finie ?

Quand la Messe est finie, il faudrait remercier Dieu de la grâce qu'il nous a faite en nous donnant d'assister à ce grand sacrifice, et lui demander pardon des fautes que nous avons commises en y assistant.

6

LA PÉNITENCE.

§ 1. La pénitence en général.

Qu'est-ce que le sacrement de Pénitence ?

La Pénitence, appelée aussi Confession, est le sacrement institué par Jésus-Christ pour remettre les péchés commis après le Baptême.

Pourquoi donne-t-on à ce sacrement le nom de Pénitence ?

On donne à ce sacrement le nom de Pénitence, parce que, pour obtenir le pardon des péchés, il est nécessaire de les détester avec repentir, et parce que celui qui a commis une faute doit se soumettre à la peine que le prêtre impose.

Pourquoi ce sacrement est-il aussi appelé Confession ?

Ce sacrement est aussi appelé Confession parce que, pour obtenir le pardon des péchés, il ne suffit pas de les détester, mais il est nécessaire de les accuser au prêtre, c'est-à-dire d'en faire la confession.

Quand est-ce que Jésus-Christ a institué le sacrement de Pénitence ?

Jésus-Christ a institué le sacrement de Pénitence le jour de sa Résurrection, quand, entré dans le cénacle, il donna solennellement à ses Apôtres le pouvoir de remettre les péchés.

Comment Jésus-Christ donna-t-il à ses Apôtres le pouvoir de remettre les péchés ?

Jésus-Christ donna à ses Apôtres le pouvoir de remettre les péchés en soufflant sur eux et en leur disant : " Recevez le Saint-Esprit : les péchés de ceux à qui vous les remettrez seront remis et les péchés de ceux à qui vous les retiendrez, seront retenus ".

Quelle est la matière du sacrement de Pénitence ?

On distingue pour le sacrement de Pénitence la matière éloignée et la matière prochaine.

La matière éloignée est constituée par les péchés que le pénitent a commis après le Baptême.

La matière prochaine, ce sont les actes du pénitent, c'est-à-dire la contrition, l'accusation et la satisfaction.

Quelle est la forme du sacrement de Pénitence ?

La forme du sacrement de Pénitence est celle-ci : " Je t'absous de tes péchés ".

Quel est le ministre du sacrement de Pénitence ?

Le ministre du sacrement de Pénitence est le prêtre approuvé par l'Évêque pour entendre les confessions.

Pourquoi avez-vous dit que le prêtre doit être approuvé par l'Évêque ?

Le prêtre doit être approuvé et autorisé par l'Évêque pour entendre les confessions parce que, pour administrer validement ce sacrement, il ne suffit pas d'avoir le pouvoir d'ordre, mais il est nécessaire d'avoir aussi le pouvoir de juridiction, c'est-à-dire la puissance de juger, qui doit être donnée par l'Évêque

Combien y a-t-il de parties dans le sacrement de Pénitence ?

Les parties du sacrement de Pénitence sont : la contrition, la confession et la satisfaction du pénitent, et l'absolution du prêtre.

Qu'est-ce que la contrition ou douleur des péchés ?

La contrition on douleur des péchés est un déplaisir de l'âme, par lequel on déteste les péchés commis et on se propose de n'en plus commettre à l'avenir.

Que veut dire le mot contrition ?

Le mot contrition veut dire broiement, brisement, comme quand une pierre est écrasée et réduite en poussière.

Pourquoi donne-t-on le nom de contrition à la douleur des péchés ?

On donne le nom de contrition à la douleur des péchés pour signifier que le cœur endurci du pécheur est en quel que sorte broyé par la douleur d'avoir offensé Dieu.

En quoi consiste la confession des péchés ?

La confession consiste en une accusation distincte de nos péchés, faite au confesseur pour en recevoir l'absolution et la pénitence.

Pourquoi dit-on que la confession est une accusation ?

On dit que la confession est une accusation parce qu'elle ne doit pas être un récit indifférent, mais la manifestation vraie et douloureuse de nos péchés.

Qu'est-ce que la satisfaction ou pénitence ?

La satisfaction ou pénitence est une prière au une autre bonne œuvre que le confesseur impose au pénitent en expiation de ses péchés.

Qu'est-ce que l'absolution ?

L'absolution est la sentence que le prêtre prononce au nom de Jésus-Christ pour remettre les péchés au pénitent.

Des parties du sacrement de Pénitence, quelle est la plus nécessaire ?

Des parties du sacrement de Pénitence, la plus nécessaire est la contrition, parce que sans elle on ne peut jamais obtenir le pardon des péchés, et avec elle seule, quand elle est parfaite, on peut obtenir le pardon pourvu qu'elle soit unie au désir, au moins implicite, de se confesser.

§ 2. Les effets et la nécessité du sacrement de Pénitence et les dispositions pour le bien recevoir.

Quels sont les effets du sacrement de Pénitence ?

Le sacrement de Pénitence confère la grâce sanctifiante par laquelle sont remis les péchés mortels et aussi les péchés véniels qu'on a confessés et dont on a le repentir ; il change la peine éternelle en peine temporelle dont une partie, plus ou moins grande selon les dispositions, est même remise ; il rend les mérites des bonnes œuvres faites avant de commettre le péché mortel ; il donne à l'âme des secours opportuns pour ne pas retomber dans le péché et remet la conscience en paix.

Le sacrement de Pénitence est-il nécessaire à tous pour être sauvés ?

Le sacrement de Pénitence est nécessaire pour être sauvés à tous ceux qui, après le Baptême, ont commis quelque péché mortel.

Est-il bon de se confesser souvent ?

Il est très bon de se confesser souvent parce que le sacrement de Pénitence non seulement efface les péchés, mais encore donne les grâces nécessaires pour les éviter à l'avenir.

Le sacrement de Pénitence a-t-il la vertu de remettre tous les péchés, si nombreux et si grands qu'ils soient ?

Le sacrement de Pénitence a la vertu de remettre tous les péchés, si nombreux et si grands qu'ils soient, pourvu qu'on le reçoive avec les dispositions requises.

Combien faut-il de choses pour faire une bonne confession ?

Pour faire une bonne confession, il faut cinq choses :

1 l'examen de conscience ;

2 la douleur d'avoir offensé Dieu ;

3 la résolution de ne plus pécher ;

4 l'accusation de ses péchés ;

5 la satisfaction ou pénitence.

Que devons-nous faire avant tout pour nous bien confesser ?

Pour nous bien confesser, nous devons, avant tout, prier de tout cœur le Seigneur de nous donner la lumière pour connaître tous nos péchés et la force de les détester.

§ 3. L'examen.

Qu'est-ce que l'examen de conscience ?

L'examen de conscience est une recherche attentive des péchés qu'on a commis depuis la dernière confession bien faite.

Comment se fait l'examen de conscience ?

L'examen de conscience se fait en cherchant soigneusement à se rappeler devant Dieu tous les péchés non encore confessés et qu'on a commis en pensées, paroles, actions et omissions, contre les commandements de Dieu et de l'Église et contre les obligations de son état.

Sur quelles autres choses devons-nous nous examiner ?

Nous devons encore nous examiner sur les mauvaises habitudes et les occasions de péché.

Dans l'examen devons-nous rechercher aussi le nombre des péchés ?

Dans l'examen, nous devons aussi rechercher le nombre des péchés mortels.

Que faut-il pour qu'un Péché soit mortel ?

Pour qu'un péché soit mortel, il faut trois choses : matière grave, pleine advertance et parfait consentement de la volonté.

Quand est-ce qu'il y a matière grave ?

Il y a matière grave quand il s'agit d'une chose notablement contraire à la loi de Dieu et de l'Église

Quand est-ce qu'il y a, en péchant, pleine advertance ou connaissance ?

Il y a, en péchant, pleine advertance ou connaissance, quand on connaît parfaitement qu'on fait un mal grave.

Quand est-ce que, dans le péché, il y a parfait consentement de la volonté ?

Il y a, dans le péché, parfait consentement de la volonté quand on veut délibérément faire une chose, bien qu'on sache qu'elle est coupable.

Quel soin faut-il apporter à l'examen de conscience ?

Il faut apporter à l'examen de conscience le soin qu'on apporterait à une affaire de grande importance.

Combien de temps doit-on employer à l'examen ?

On doit employer à l'examen de conscience plus ou moins de temps selon le besoin, c'est-à-dire selon le nombre et la qualité des péchés qui chargent la conscience et selon le temps écoulé depuis la dernière confession bien faite.

Comment peut-on rendre plus facile l'examen pour la confession ?

On rend plus facile l'examen pour la confession en faisant chaque soir l'examen de conscience sur les actions de la journée.

§ 4. La douleur.

Qu'est-ce que la douleur des péchés ?

La douleur des péchés consiste en un déplaisir et une sincère détestation de l'offense faite à Dieu.

Combien y a-t-il de sortes de douleur ?

Il y a deux sortes de douleur :

la douleur parfaite ou de contrition ;

la douleur imparfaite ou d'attrition.

Qu'est-ce que la douleur parfaite ou de contrition ?

La douleur parfaite est le déplaisir d'avoir offensé Dieu parce qu'il est infiniment bon et digne par lui-même d'être aimé.

Pourquoi appelez-vous parfaite la douleur de contrition ?

J'appelle parfaite la douleur de contrition pour deux raisons :

1 parce qu'elle regarde exclusivement la bonté de Dieu et non pas notre avantage ou notre détriment ;

2 parce qu'elle nous fait obtenir immédiatement le pardon des péchés, tout en nous laissant l'obligation de nous confesser.

La douleur parfaite nous obtient donc le pardon des péchés indépendamment de la confession ?

La douleur parfaite ne nous obtient pas le pardon des péchés indépendamment de la confession, parce qu'elle implique toujours la volonté de se confesser.

Pourquoi la douleur parfaite ou contrition produit-elle cet effet de nous remettre en état de grâce ?

La douleur parfaite ou contrition, produit cet effet, parce qu'elle naît de la charité qui ne peut se trouver dans l'âme en même temps que le péché mortel.

Qu'est-ce que la douleur imparfaite ou d'attrition ?

La douleur imparfaite ou d'attrition est celle par laquelle nous nous repentons d'avoir offensé Dieu comme notre souverain Juge, c'est-à-dire par crainte des châtiments mérités en cette vie ou en l'autre, ou à cause de la laideur même du péché.

Quelles qualités doit avoir la douleur pour être bonne ?

La douleur, pour être bonne, doit avoir quatre qualités : elle doit être intérieure, surnaturelle, souveraine et universelle.

Qu'entendez-vous en disant que la douleur doit être intérieure ?

J'entends qu'elle doit être dans le cœur et dans la volonté, et non pas seulement dans les paroles.

Pourquoi la douleur doit-elle être intérieure ?

La douleur doit être intérieure parce que la volonté qui s'est éloignée de Dieu par le péché doit revenir à Dieu en détestant le péché commis.

Qu'entendez-vous en disant que la douleur doit être surnaturelle ?

J'entends qu'elle doit être excitée en nous par la grâce de Dieu et conçue pour des motifs de foi.

Pourquoi la douleur doit-elle être surnaturelle ?

La douleur doit être surnaturelle parce qu'elle tend vers un but surnaturel, c'est-à-dire le pardon de Dieu, l'acquisition de la grâce sanctifiante et le droit à la gloire éternelle.

Expliquez mieux la différence entre la douleur surnaturelle et la douleur naturelle ?

Celui qui se repent parce qu'il a offensé un Dieu infiniment bon et digne par lui-même d'être aimé, parce qu'il a perdu le paradis et mérité l'enfer, ou à cause de la malice intrinsèque du péché, a une douleur surnaturelle, parce que ce sont là des motifs de foi.

Celui, au contraire, qui se repentirait seulement à cause du déshonneur ou des châtiments qu'il s'est attirés de la part des hommes, ou à cause de quelque préjudice purement temporel, aurait une douleur naturelle, parce qu'il se repentirait seulement pour des motifs humains.

Pourquoi la douleur doit-elle être souveraine ?

La douleur doit être souveraine parce que nous devons regarder et haïr le péché comme le plus grand de tous les maux, puisqu'il offense Dieu, le souverain Bien.

Il est peut-être nécessaire que la douleur des péchés se manifeste par des pleurs comme on le fait dans les malheurs de cette vie ?

Non, il n'est pas nécessaire que matériellement on manifeste par des pleurs sa douleur des péchés, mais il suffit qu'en son cœur on fasse plus de cas d'avoir offensé Dieu que de tout autre malheur.

Qu'entendez-vous en disant que la douleur doit être universelle ?

Je veux dire qu'elle doit s'étendre à tous les péchés mortels commis.

Pourquoi la douleur doit-elle s'étendre à tous les péchés mortels commis ?

Parce que celui qui garde même un seul péché mortel sans s'en repentir reste l'ennemi de Dieu.

Que devons-nous faire pour avoir la douleur de nos péchés ?

Pour avoir la douleur de nos péchés, nous devons la demander à Dieu du fond du cœur et l'exciter en nous par la considération du grand mal que nous avons fait en péchant.

Comment ferez-vous pour vous exciter à détester vos péchés ?

Pour m'exciter à détester mes péchés :

1 je considérerai la rigueur de la justice infinie de Dieu, et la laideur du péché qui a souillé mon âme et m'a rendu digne des peines éternelles de l'enfer ;

2 je considérerai que j'ai perdu la grâce et l'amitié divine, mon titre d'enfant de Dieu et le droit au céleste héritage ;

3 que j'ai offensé mon Rédempteur mort pour moi et que mes péchés ont été la cause de sa mort ;

4 que j'ai méprisé mon Créateur, mon Dieu ; que je me suis détourné de Lui, mon Souverain Bien, digne d'être aimé par dessus tout et servi fidèlement.

Devons-nous avoir grand soin, quand nous allons nous confesser, d'avoir une vraie douleur de nos péchés ?

Quand nous allons nous confesser, nous devons certainement avoir grand soin d'avoir une vraie douleur de nos péchés, parce que c'est la chose la plus importante de toutes, et que, si la douleur manque, la confession est nulle.

Celui qui ne confesse que des péchés véniels doit-il avoir la douleur de tous ?

Quand on ne confesse que des péchés véniels, pour que la confession soit valide, il suffit qu'on ait le repentir de quelques uns ; mais pour obtenir le pardon de tous, il est nécessaire qu'on se repente de tous ceux qu'on reconnaît avoir commis.

Celui qui, ne confessant que des péchés véniels, ne se repent pas même d'un seul, fait-il une bonne confession ?

Celui qui, ne confessant que des péchés véniels, ne se repent pas même d'un seul, fait une confession nulle ; de plus, cette confession est sacrilège, si c'est avec advertance qu'il manque de douleur.

Que convient-il de faire pour rendre plus sûre une confession où on n'accuse que des péchés véniels ?

Pour rendre plus sûre une confession où on n'accuse que des péchés véniels, il est prudent d'accuser en outre, avec une vraie douleur, quelque péché plus grave de la vie passée, bien qu'il ait été déjà accusé d'autres fois.

Est-il bon de faire souvent l'acte de contrition ?

Il est bon et très utile de faire souvent l'acte de contrition, surtout avant de se coucher et quand on s'aperçoit qu'on est tombé dans un péché mortel ou qu'on en a un doute, afin de se remettre au plus vite en état de grâce. C'est surtout utile pour obtenir plus facilement de Dieu la grâce de faire le même acte quand on en aura le plus de besoin, c'est-à-dire quand on sera en danger de mort.

§ 5. Le bon propos.

En quoi consiste le bon propos ?

Le bon propos consiste en une volonté résolue de ne jamais plus commettre le péché et d'employer tous les moyens nécessaires pour le fuir.

Quelles qualités doit avoir cette résolution pour être un bon propos ?

Pour être un bon propos, cette résolution doit avoir principalement trois qualités ; elle doit être absolue, universelle et efficace.

Qu'entendez-vous en disant : le bon propos doit être absolu ?

J'entends que le bon propos doit être sans aucune condition de temps, de lieu ou de personne.

Qu'entendez-vous en disant : le bon propos doit être universel ?

En disant : le bon propos doit être universel, j'entends que nous devons avoir la volonté de fuir tous les péchés mortels, autant ceux que nous avons déjà commis que tous les autres que nous pourrions commettre.

Qu'entendez-vous en disant : le bon propos doit être efficace ?

En disant : le bon propos doit être efficace, j'entends qu'il faut avoir une volonté résolue à perdre tout plutôt que de commettre un nouveau péché, à fuir les occasions dangereuses de pécher, à détruire les mauvaises habitudes, et à accomplir toutes les obligations contractées en conséquence de nos péchés.

Qu'entend-on par mauvaise habitude ?

Par mauvaise habitude, on entend la disposition acquise à tomber facilement dans les péchés auxquels nous nous sommes accoutumés.

Que doit-on faire pour corriger les mauvaises habitudes ?

Pour corriger les mauvaises habitudes, nous devons veiller sur nous, prier beaucoup, nous confesser fréquemment, avoir un bon directeur, n'en pas changer, et mettre en pratique les conseils et les remèdes qu'il nous propose.

Qu'entend-on par occasions dangereuses de pécher ?

Par occasions dangereuses de pécher on entend toutes les circonstances de temps, de lieu, de personnes ou de choses qui, de leur nature ou à cause de notre fragilité, nous portent à commettre le péché.

Sommes-nous gravement obligés de fuir toutes les occasions dangereuses ?

Nous sommes gravement obligés de fuir les occasions dangereuses qui, ordinairement, nous portent à commettre le péché mortel et qu'on appelle les occasions prochaines du péché.

Que doit faire celui qui ne peut pas fuir quelque occasion de péché ?

Celui qui ne peut pas fuir quelque occasion de péché doit le dire à son confesseur et s'en tenir à ses conseils.

Quelles considérations aident à nous porter au bon propos ?

Ce seront les mêmes considérations qui nous aident à nous exciter à la douleur, c'est-à-dire la crainte de la justice de Dieu et l'amour de son infinie bonté.

§ 6. L'accusation des péchés au confesseur.

Après vous être bien disposé à la confession par l'examen, la douleur et le bon propos, que ferez-vous ?

Après m'être bien disposé à la confession par l'examen, la douleur et le bon propos, j'irai faire au confesseur l'accusation de mes péchés pour en avoir l'absolution.

De quels péchés sommes-nous obligés de nous confesser ?

Nous sommes obligés de nous confesser de tous les péchés mortels, mais il est bon de confesser aussi les véniels.

Quelles qualités doit avoir l'accusation des péchés ou confession ?

Les principales qualités que doit avoir l'accusation des péchés sont au nombre de cinq : elle doit être humble, entière, sincère, prudente et brève.

Que signifient ces mots : l'accusation doit être humble ?

Ils signifient que le pénitent doit s'accuser devant son confesseur sans arrogance dans l'esprit ou les paroles, mais avec le sentiment d'un coupable qui reconnaît sa faute et comparaît devant le juge.

Que signifient ces mots : l'accusation doit être entière ?

Ils signifient qu'on doit manifester, avec leurs circonstances et leur nombre, tous les péchés mortels commis depuis la dernière confession bien faite, et dont on a conscience.

Quelles circonstances doit-on manifester pour que l'accusation soit entière ?

Pour que l'accusation soit entière, on doit manifester les circonstances qui changent l'espèce du péché.

Quelles sont les circonstances qui changent l'espèce du péché ?

Les circonstances qui changent l'espèce du péché sont :

1 celles par lesquelles une action coupable de vénielle devient mortelle ;

2 celles par lesquelles une action coupable contient la malice de deux ou plusieurs péchés mortels.

Donnez-moi un exemple d'une circonstance qui fasse devenir mortel un péché véniel ?

Celui qui, pour s'excuser, ferait un mensonge d'où résulterait un grave dommage pour le prochain devrait manifester cette circonstance qui, d'officieux rend le mensonge gravement pernicieux.

Donnez-moi maintenant un exemple d'une circonstance par laquelle une même action coupable contient la malice de deux ou plusieurs péchés ?

Celui qui aurait dérobé une chose sacrée devrait accuser cette circonstance qui ajoute au vol la malice du sacrilège.

Si on n'était pas certain d'avoir commis un péché, devrait-on s'en accuser ?

Si on n'était pas certain d'avoir commis un péché, on ne serait pas obligé de s'en confesser : et si on voulait l'accuser, on devrait ajouter que l'on n'est pas certain de l'avoir commis.

Que doit faire celui qui ne se rappelle pas exactement le nombre de ses péchés ?

Celui qui ne se rappelle pas exactement le nombre de ses péchés, doit en accuser le nombre approximatif.

Celui qui, par oubli, a tu un péché mortel ou une circonstance nécessaire, a-t-il fait une bonne confession ?

Celui qui, par pur oubli, a tu un péché mortel ou une circonstance nécessaire, a fait une bonne confession, pourvu qu'il ait apporté à s'en rappeler tout le soin qu'il devait.

Si un péché mortel oublié en confession revient ensuite à l'esprit, sommes-nous obligés de nous en accuser dans une autre confession ?

Si un péché mortel oublié en confession revient ensuite à l'esprit, nous sommes certainement obligés de l'accuser la première fois que nous allons nous confesser.

Quelle faute commet celui qui, par honte ou par quelque autre motif coupable, cache volontairement un péché mortel en confession ?

Celui qui, par honte ou pour quelque autre motif coupable, cache volontairement un péché mortel en confession, profane le sacrement et se rend par suite coupable d'un très grave sacrilège.

Que doit faire, pour mettre ordre à sa conscience, celui qui a caché volontairement quelque péché mortel en confession ?

Celui qui a caché volontairement quelque péché mortel en confession, doit faire connaître au confesseur le péché qu'il a caché, dire dans combien de confessions il l'a caché et refaire toutes les confessions depuis la dernière qui fut bien faite.

Quelles considérations doit faire celui qui serait tenté de cacher quelque péché en confession ?

Celui qui serait tenté de cacher quelque péché grave en confession doit considérer :

1 qu'il n'a pas eu honte de pécher en présence de Dieu qui voit tout ;

2 qu'il vaut mieux manifester ses péchés en secret à un confesseur que de vivre toujours inquiet, dans le péché, de faire une mort malheureuse et d'être couvert de confusion devant tout le monde au jugement général ;

3 que le confesseur est obligé au secret sacramentel, qu'il ne peut violer sans commettre un très grave péché et sans s'exposer aux peines temporelles et éternelles les plus sévères.

Que signifient ces mots : l'accusation doit être sincère ?

Ils signifient qu'il faut déclarer ses péchés tels qu'ils sont, sans les excuser, les diminuer ou les augmenter.

Que signifient ces mots : la confession doit être prudente ?

Ils signifient qu'en confessant nos péchés nous devons employer les termes les plus modestes, et que nous devons nous bien garder de découvrir les péchés des autres.

Que signifient ces mots : la confession doit être brève ?

Ils signifient que nous ne devons dire au confesseur rien d'inutile.

N'est il pas pénible de devoir confesser ses péchés à un autre, surtout si ces péchés sont très déshonorants ?

Bien qu'il puisse être pénible de confesser ses péchés à un autre, il faut le faire, parce que c'est de précepte divin et qu'on ne peut obtenir autrement le pardon des péchés commis ; et de plus parce que la difficulté qu'on éprouve à se confesser est compensée par de nombreux avantages et de grandes consolations.

§ 7. La manière de se confesser.

Comment vous présenterez-vous au confesseur ?

Je m'agenouillerai aux pieds du confesseur et je dirai : " Bénissez-moi, mon Père, parce que j'ai péché ".

Que ferez-vous pendant que le confesseur vous donnera la bénédiction ?

Je m'inclinerai humblement pour la recevoir, et je ferai le signe de la Croix.

Quand on a fait le signe de la Croix, que doit-on dire ?

Quand on a fait le signe de la Croix on doit dire : " Je me confesse à Dieu tout-puissant, à la Bienheureuse Vierge Marie, à tous les Saints et à vous, mon Père spirituel, parce que j'ai péché ".

Et ensuite, que faut-il dire ?

Ensuite il faut dire : " Je me suis confessé depuis tant de temps ; par la grâce de Dieu j'ai reçu l'absolution, j'ai fait la pénitence, et j'ai fait la sainte Communion ". Ensuite on accuse ses péchés.

Quand vous avez fini l'accusation de vos péchés, que ferez-vous ?

Quand j'aurai fini l'accusation de mes péchés, je dirai : " Je m'accuse encore de tous les péchés de la vie passée, spécialement contre telle ou telle vertu, (par exemple contre la pureté, contre le quatrième commandement, etc.) ".

Après cette accusation, que doit-on dire ?

On doit dire : " de tous ces péchés et de tous ceux que j'ai oubliés, je demande pardon à Dieu de tout mon cœur ; et à vous, mon Père spirituel, je demande la pénitence et l'absolution ".

Quand on a ainsi terminé l'accusation des péchés, que reste-t-il à faire ?

Quand on a terminé l'accusation des péchés, il faut écouter avec respect ce que dira le confesseur ; recevoir la pénitence avec une volonté sincère de l'accomplir ; et, pendant qu'il donnera l'absolution, renouveler dans son cœur l'acte de contrition.

Une fois l'absolution reçue, que reste-t-il à faire ?

L'absolution reçue, il faut remercier le Seigneur ; faire au plus tôt la pénitence ; et mettre en pratique les avis du confesseur.

§ 8. L'absolution.

Les confesseurs doivent-ils toujours donner l'absolution à ceux qui se confessent ?

Les confesseurs ne doivent donner l'absolution qu'à ceux qu'ils jugent bien disposés à la recevoir.

Les confesseurs peuvent-ils quelquefois différer ou refuser l'absolution ?

Non seulement les confesseurs peuvent, mais ils doivent différer ou refuser l'absolution dans certains cas, pour ne pas profaner le sacrement.

Quels sont les pénitents qu'on doit considérer comme mal disposés et à qui l'on doit ordinairement refuser ou différer l'absolution ?

Les pénitents qu'on doit considérer comme mal disposés sont principalement :

1 ceux qui ne connaissent pas les principaux mystères de la foi, ou qui négligent de s'instruire des principaux points de la Doctrine chrétienne qu'ils sont obligés de savoir selon leur état ;

2 ceux qui sont gravement négligents à faire leur examen de conscience et qui ne donnent pas des signes de douleur et de repentir.

3 ceux qui, le pouvant, ne veulent pas restituer le bien d'autrui qu'ils ont pris ou rétablir la réputation qu'ils ont enlevée ;

4 ceux qui ne pardonnent pas du fond du cœur à leurs ennemis ;

5 ceux qui ne veulent pas employer les moyens nécessaires pour se corriger de leurs mauvaises habitudes ;

6 ceux qui ne veulent pas fuir les occasions prochaines de péché.

N'y a-t-il pas trop de rigueur de la part du confesseur à différer l'absolution au pénitent qu'il ne croit pas encore bien disposé ?

Non, il n'y a pas trop de rigueur de la part du confesseur à différer l'absolution au pénitent qu'il ne croit pas encore bien disposé ; c'est au contraire de la charité : il agit comme un bon médecin qui essaie de tous les remèdes même désagréables et douloureux, pour sauver la vie du malade.

Le pécheur à qui on diffère ou refuse l'absolution devra-t-il se désespérer ou s'éloigner tout à fait de la confession ?

Le pécheur à qui on diffère ou refuse l'absolution ne doit pas se désespérer ni s'éloigner tout à fait de la confession ; mais il doit s'humilier, reconnaître son état déplorable, profiter des bons conseils que lui donne le confesseur, et ainsi se mettre le plus tôt possible en état de mériter l'absolution.

Que doit faire le pénitent par rapport au choix du confesseur ?

Un vrai pénitent doit se recommander beaucoup à Dieu pour le choix d'un confesseur pieux, instruit et prudent ; puis il doit se remettre entre ses mains et se soumettre à lui comme à son juge et son médecin.

§ 9. La satisfaction ou pénitence.

Qu'est-ce que la satisfaction ?

La satisfaction, qu'on appelle aussi pénitence sacramentelle, est un des actes du pénitent par lequel il donne une certaine compensation à la Justice divine pour les péchés commis, en accomplissant les œuvres que lui impose le confesseur.

Le pénitent est-il obligé d'accepter la pénitence que lui impose le confesseur ?

Le pénitent est obligé d'accepter la pénitence que lui impose le confesseur, s'il peut la faire ; et s'il ne peut pas la faire, il doit le lui dire humblement et lui en demander une autre.

Quand doit-on faire la pénitence ?

Si le confesseur n'a pas prescrit un temps déterminé, on doit la faire au plus tôt et tâcher de la faire en état de grâce.

Comment doit-on faire la pénitence ?

On doit faire la pénitence en son entier et avec dévotion.

Pourquoi dans la confession impose-t-on une pénitence ?

On impose une pénitence parce que, ordinairement, après l'absolution sacramentelle qui remet la faute et la peine éternelle, il reste une peine temporelle à payer en ce monde ou dans le purgatoire.

Pour quelle raison Notre Seigneur a-t-il voulu dans le sacrement de Baptême remettre toute la peine due aux péchés, et non dans le Sacrement de Pénitence ?

Notre Seigneur a voulu dans le sacrement de Baptême remettre toute la peine due aux péchés et non dans le sacrement de Pénitence, parce que les péchés après le Baptême sont beaucoup plus graves, étant commis avec plus de connaissance et d'ingratitude pour les bienfaits de Dieu ; et aussi afin que l'obligation de satisfaire pour ces péchés soit un frein qui empêche d'y retomber.

Pouvons-nous par nous-mêmes satisfaire à Dieu ?

Non, par nous-mêmes, nous ne pouvons pas satisfaire à Dieu ; mais nous le pouvons en nous unissant à Jésus-Christ qui, par le mérite de sa passion et de sa mort, donne de la valeur à nos actes.

La pénitence que donne le confesseur suffit-elle toujours à effacer la peine qui reste due pour les péchés ?

La pénitence que donne le confesseur ne suffit pas ordinairement à payer toute la peine due pour les péchés ; aussi il faut tâcher d'y suppléer par d'autres pénitences volontaires.

Quelles sont les œuvres de pénitence ?

Les œuvres de pénitence peuvent se réduire à trois espèces : la prière, le jeûne, l'aumône.

Qu'entendez-vous par prière ?

J'entends par prière toute sorte d'exercices de piété.

Qu'entend-on par jeûne ?

On entend par jeûne toute sorte de mortifications.

Qu'entend-on par aumône ?

On entend par aumône toute œuvre de miséricorde spirituelle et corporelle.

Quelle pénitence est la plus méritoire, celle que donne le confesseur ou celle que nous nous imposons de nous-mêmes ?

La pénitence que nous donne le confesseur est la plus méritoire, parce que, faisant partie du sacrement, elle reçoit une plus grande efficacité des mérites de la passion de Jésus-Christ.

Ceux qui meurent après avoir reçu l'absolution mais avant d'avoir pleinement satisfait à la justice de Dieu, vont-ils tout droit en paradis ?

Non, ils vont en purgatoire pour y satisfaire à la justice de Dieu et se purifier entièrement.

Pouvons-nous soulager dans leurs peines les âmes en purgatoire ?

Oui, les âmes qui sont en purgatoire peuvent être soulagées par les prières, les aumônes, toutes les autres bonnes œuvres, par les indulgences, et surtout par le saint sacrifice de la Messe.

Outre la pénitence, que doit encore faire le pénitent après la confession ?

Le pénitent, après la confession, outre la pénitence, s'il a injustement fait tort au prochain dans ses biens ou son honneur, ou s'il lui a donné du scandale, doit au plus tôt et autant qu'il est possible, lui restituer les biens, rétablir son honneur et réparer le scandale.

Comment peut-on réparer le scandale qu'on a causé ?

On peut réparer le scandale qu'on a causé en faisant cesser l'occasion, et en édifiant par ses paroles et ses bons exemples ceux qu'on a scandalisés.

De quelle manière devra-t-on satisfaire au prochain si on l'a offensé ?

On devra satisfaire au prochain qu'on a offensé, en lui demandant pardon on en lui faisant quelque autre réparation convenable.

Quels fruits produit en nous une bonne confession ?

Une bonne confession :

1 nous remet les péchés commis et nous donne la grâce de Dieu ;

2 nous rend la paix et le repos de la conscience ;

3 nous rouvre les portes du paradis et change la peine éternelle de l'enfer en peine temporelle ;

4 nous préserve des rechutes et nous rend capables de gagner les indulgences.

§ 10. Les indulgences.

Qu'est-ce que l'indulgence ?

L'indulgence est la rémission de la peine temporelle due aux péchés déjà pardonnés quant à la faute ; rémission que l'Église nous accorde en dehors du sacrement de Pénitence.

De qui l'Église a-t-elle reçu le pouvoir d'accorder les indulgences ?

L'Église a reçu de Jésus-Christ le pouvoir d'accorder les indulgences.

Comment l'Église nous remet-elle la peine temporelle par les indulgences ?

L'Église nous remet la peine temporelle par les indulgences, en nous appliquant les satisfactions surabondantes de Jésus-Christ de la très sainte Vierge et des Saints qui forment ce qu'on appelle le trésor de l'Église

Qui a le pouvoir d'accorder les indulgences ?

Le pouvoir d'accorder les indulgences appartient au Pape seul pour toute l'Église, et à l'Évêque dans son diocèse, dans la mesure où le Pape le lui a concédé.

Combien y a-t-il d'espèces d'indulgences ?.

Il y a deux espèces d'indulgences : l'indulgence plénière et l'indulgence partielle.

Qu'est-ce que l'indulgence plénière ?

L'indulgence plénière est celle qui remet toute la peine temporelle due pour nos péchés.

Si donc quelqu'un mourait après avoir reçu cette indulgence, il irait tout droit au paradis, échappant absolument aux peines du purgatoire.

Qu'est-ce que l'indulgence partielle ?

L'indulgence partielle est celle qui ne remet qu'une partie de la peine temporelle due pour nos péchés.

Qu'entend faire l'Église en accordant les indulgences ?

En accordant les indulgences, l'Église entend venir en aide à notre incapacité d'expier en ce monde toute la peine temporelle en nous faisant obtenir par des œuvres de piété et de charité chrétienne ce que, dans les premiers siècles, elle faisait obtenir par la rigueur des canons pénitentiels.

Qu'entend-on par indulgence de quarante jours, de cent jours, de sept ans, et autres expressions semblables ?

Par indulgence de quarante jours, de cent jours, de sept ans et autres expressions semblables, on entend la rémission de la peine temporelle qu'on aurait obtenue par quarante jours, cent jours, sept ans, de la pénitence publique établie anciennement dans l'Église

Quel cas devons-nous faire des indulgences ?

Nous devons faire un très grand cas des indulgences parce que, par elles, on satisfait à la justice de Dieu et on obtient plus vite et plus facilement la possession du ciel.

Quelles sont les conditions requises pour gagner les indulgences ?

Les conditions requises pour gagner les indulgences sont :

1 l'état de grâce (au moins dans la dernière des œuvres qu'on accomplit) et l'exemption même des péchés, véniels, dont on veut effacer la peine ;

2 l'accomplissement des œuvres que prescrit l'Église pour obtenir l'indulgence

3 l'intention de la gagner.

Les indulgences peuvent-elles aussi être appliquées aux âmes du purgatoire ?

Oui, les indulgences peuvent être appliquées aux âmes du purgatoire quand celui qui les accorde déclare qu'on peut les leur appliquer.

Qu'est-ce que le Jubilé ?

Le Jubilé, concédé ordinairement tous les vingt-cinq ans, est une indulgence plénière à laquelle sont joints beaucoup de privilèges et de concessions particulières, comme de pouvoir obtenir l'absolution de certains péchés réservés et des censures, et la commutation de certains vœux.

L'EXTRÊME-ONCTION

Qu'est-ce que le sacrement d'Extrême-onction ?
L'Extrême-onction est le sacrement institué pour le soulagement spirituel et même corporel des malades en danger de mort.
Quels effets produit le sacrement d'Extrême-onction ?
Le sacrement d'Extrême-onction produit les effets suivants :
1 il augmente la grâce sanctifiante ;
2 il efface les péchés véniels et même les péchés mortels que le malade repentant ne pourrait plus confesser ;
3 il enlève cette faiblesse et cette langueur pour le bien qui restent même après avoir obtenu le pardon des péchés ;
4 il donne la force de supporter le mal avec patience, de résister aux tentations et de mourir saintement ;
5 il aide à recouvrer la santé du corps, si c'est utile au salut de l'âme.
A quel moment doit-on recevoir l'Extrême-onction ?
On doit recevoir l'Extrême-onction quand la maladie est dangereuse et que le malade a reçu, si c'est possible, les sacrements de Pénitence et d'Eucharistie ; même il est bon de la recevoir quand on est encore en pleine connaissance et qu'on garde quelque espoir de vie.
Pourquoi est-il bon de recevoir l'Extrême-onction quand on est en pleine connaissance et avec quelque espoir de vie ?
Il est bon de recevoir l'Extrême-onction quand on est encore en pleine connaissance et avec quelque espoir de vie, parce que, en la recevant avec de meilleures dispositions on peut en retirer plus de fruits, et encore parce que si,

pour le bien de l'âme, ce sacrement rend la santé du corps, c'est en secondant les forces de la nature et qu'il ne faut donc pas attendre que tout espoir soit perdu.

Avec quelles dispositions doit-on recevoir l'Extrême-onction ?

Les principales dispositions pour recevoir l'Extrême-onction sont : être en état de grâce, avoir confiance dans l'efficacité du sacrement et à la miséricorde divine, et se résigner à la volonté de Dieu.

Quels sentiments doit éprouver le malade à la vue du prêtre ?

A la vue du prêtre, le malade doit éprouver des sentiments de reconnaissance envers Dieu pour le lui avoir envoyé ; il doit le recevoir volontiers et demander de lui-même, s'il le peut, les secours de la religion.

8

L'ORDRE

Qu'est-ce que le sacrement de l'Ordre ?

L'Ordre est le sacrement qui donne le pouvoir d'exercer les fonctions sacrées qui regardent le culte de Dieu et le salut des âmes, et qui imprime dans l'âme de celui qui le reçoit le caractère de ministre de Dieu.

Pourquoi l'appelle-t-on l'Ordre ?

On l'appelle l'Ordre, parce qu'il comporte plusieurs degrés subordonnés les uns aux autres, d'où résulte la hiérarchie sacrée.

Quels sont ces degrés ?

Le plus élevé d'entre eux est l'Épiscopat qui contient la plénitude du sacerdoce ; ensuite le Presbytérat ou le simple Sacerdoce ; puis le Diaconat et les Ordres qu'on appelle Ordres mineurs.

Quand est-ce que Jésus-Christ a établi l'Ordre Sacerdotal ?

Jésus-Christ a établi l'Ordre Sacerdotal dans la dernière Cène quand il conféra aux Apôtres et à leurs successeurs le pouvoir de consacrer la très sainte Eucharistie.

Puis, le jour de sa résurrection, il leur conféra le pouvoir de remettre et de retenir les péchés, les constituant ainsi les premiers prêtres de la nouvelle loi dans toute la plénitude de leur pouvoir.

Quel est le ministre de ce sacrement ?

Le seul ministre de ce sacrement est l'Évêque

La dignité du Sacerdoce chrétien est donc bien grande ?

La dignité du Sacerdoce chrétien est très grande en raison de la double puissance que lui a conférée Jésus-Christ sur son corps réel et sur son corps mystique qui est l'Église, et en raison de la divine mission confiée aux prêtres de conduire tous les hommes à la vie éternelle.

Le Sacerdoce catholique est-il nécessaire dans l'Église ?

Le Sacerdoce catholique est nécessaire dans l'Église parce que, sans lui, les fidèles seraient privés du saint sacrifice de la Messe et de la plus grande partie des sacrements ; ils n'auraient personne pour les instruire dans la foi, ils resteraient comme des brebis sans pasteur à la merci des loups, en un mot l'Église n'existerait plus comme Jésus-Christ l'a instituée.

Le Sacerdoce catholique ne cessera donc jamais sur la terre ?

Le Sacerdoce catholique, malgré la guerre que lui fait l'enfer, durera jusqu'à la fin des siècles, car Jésus-Christ a promis que les puissances de l'enfer ne prévaudraient jamais contre son Église

Est-ce un péché de mépriser les prêtres ?

C'est un péché très grave, parce que le mépris et les injures qui s'adressent au prêtre, atteignent Jésus-Christ lui-même qui a dit à ses Apôtres : " Qui vous méprise me méprise ".

Quel doit être le but de celui qui embrasse l'état ecclésiastique ?

Le but de celui qui embrasse l'état ecclésiastique doit être uniquement la gloire de Dieu et le salut des âmes.

Qu'est-ce qui est nécessaire pour entrer dans l'état ecclésiastique ?

Pour entrer dans l'état ecclésiastique, ce qui est nécessaire avant tout, c'est la vocation divine.

Que faut-il faire pour connaître si Dieu appelle à l'état ecclésiastique ?

Pour connaître si Dieu appelle à l'état ecclésiastique, il faut :

1 prier avec ferveur Notre Seigneur de manifester quelle est sa volonté ;

2 prendre conseil de son Évêque ou d'un sage et prudent directeur ;

3 examiner avec soin si on a les aptitudes nécessaires pour les études, les fonctions et les obligations de cet état.

Celui qui entrerait dans l'état ecclésiastique sans la vocation divine ferait-il mal ?

Celui qui entrerait dans l'état ecclésiastique sans y être appelé de Dieu ferait un mal très grave et se mettrait en danger de perdition.

Les parents qui, pour des motifs humains, engagent leurs fils à embrasser sans vocation l'état ecclésiastique font-ils mal ?

Les parents qui, pour des motifs humains, engagent leurs fils à embrasser sans vocation l'état ecclésiastique commettent eux aussi une faute très grave, parce que, en cela, ils usurpent le droit que Dieu s'est réservé à lui-même de choisir ses ministres, et qu'ils mettent leur fils en péril de damnation éternelle.

Quels sont les devoirs des fidèles envers ceux qui sont appelés aux saints Ordres ?

Les fidèles doivent :

1 laisser à leurs fils et à ceux qui sont sous leur dépendance pleine liberté de suivre la vocation divine ;

2 prier Dieu qu'il daigne accorder à son Église de bons pasteurs et des ministres zélés ; et c'est aussi dans ce but qu'a été institué le jeûne des Quatre Temps ;

3 avoir un respect singulier pour tous ceux qui, par les Ordres, sont consacrés au service de Dieu.

LE MARIAGE.

§ 1. Nature du sacrement du Mariage.

Qu'est-ce que le sacrement de Mariage ?

Le Mariage est un sacrement institué par Notre Seigneur Jésus-Christ, qui établit une union sainte et indissoluble entre l'homme et la femme et leur donne la grâce de s'aimer l'un l'autre saintement et d'élever chrétiennement leurs enfants.

Par qui le Mariage a-t-il été institué ?

Le Mariage a été institué par Dieu lui-même au paradis terrestre ; et dans le Nouveau Testament, il a été élevé par Jésus-Christ à la dignité de sacrement.

Le sacrement de Mariage a-t-il quelque signification spéciale ?

Le sacrement de Mariage signifie l'union indissoluble de Jésus-Christ avec la sainte Église, son épouse et notre mère très aimante.

Pourquoi dit-on que le lien du Mariage est indissoluble ?

On dit que le lien du Mariage est indissoluble ou qu'il ne peut être brisé que par la mort d'un des époux, parce que Dieu l'a établi ainsi dès le commencement et que Jésus-Christ Notre Seigneur l'a à son tour solennellement proclamé.

Dans le mariage chrétien pourrait-on séparer le contrat du sacrement ?

Non, dans le mariage entre deux chrétiens on ne peut séparer le contrat du sacrement, parce que, pour eux, le mariage n'est pas autre chose que le contrat naturel lui-même élevé par Jésus-Christ à la dignité de sacrement.

Entre les chrétiens il ne peut donc y avoir de vrai mariage sans le sacrement ?
Entre les chrétiens il ne peut y avoir de vrai mariage sans le sacrement.
Quels effets produit le sacrement de mariage ?
Le sacrement de Mariage :
1 donne un accroissement de grâce sanctifiante ;
2 confère la grâce spéciale pour remplir fidèlement tous les devoirs matrimoniaux.

§ 2. Ministres, cérémonies et dispositions.

Quels sont les ministres de ce sacrement ?
Les ministres de ce sacrement sont les époux eux-mêmes qui, réciproquement, se confèrent et reçoivent le sacrement.
Comment est administré ce sacrement ?
Ce sacrement, conservant la nature du contrat, est administré par les époux eux-mêmes, déclarant, en présence de leur curé ou de son délégué et de deux témoins, qu'ils s'unissent par le mariage.
A quoi sert donc la bénédiction que le curé donne aux époux ?
La bénédiction que le curé donne aux époux n'est pas nécessaire pour constituer le sacrement mais elle est donnée pour sanctionner au nom de l'Église leur union, et pour appeler toujours davantage sur eux la bénédiction de Dieu.
Quelle intention doit avoir celui qui contracte mariage ?
Celui qui contracte mariage doit avoir l'intention :
1 de faire la volonté de Dieu qui l'appelle à cet état ;
2 d'opérer dans le mariage le salut de son âme ;
3 d'élever chrétiennement ses enfants, si Dieu lui donne d'en avoir.
Comment les époux doivent-ils se disposer pour recevoir avec fruit le sacrement du mariage ?
Les époux, pour recevoir avec fruit le sacrement de Mariage, doivent :
1 se recommander à Dieu du fond du cœur pour connaître sa volonté et obtenir de lui les grâces qui sont nécessaires dans cet état ;
2 avant de se fiancer, consulter leurs parents comme l'exigent l'obéissance et le respect qui leur sont dus ;
3 se préparer par une bonne confession et même, s'il le faut, par une confession générale de toute leur vie ;
4 éviter dans leurs rapports toute familiarité dangereuse d'actes ou de paroles.

Quelles sont les principales obligations des personnes unies par le mariage ?

Les personnes unies par le mariage doivent :

1 garder inviolablement la fidélité conjugale et se comporter toujours chrétiennement en toute chose ;

2 s'aimer l'un l'autre en se supportant mutuellement, et vivre dans la paix et la concorde ;

3 s'ils ont des enfants, penser sérieusement à les pourvoir selon le besoin, leur donner une éducation chrétienne et leur laisser la liberté de choisir l'état auquel ils sont appelés de Dieu.

§ 3. Conditions et empêchements.

Que faut-il pour contracter validement le mariage chrétien ?

Pour contracter validement le mariage chrétien, il est nécessaire d'être libre de tout empêchement dirimant du mariage et donner librement son consentement au contrat du mariage devant son curé (ou un prêtre délégué par lui) et deux témoins.

Que faut-il pour contracter licitement le mariage chrétien ?

Pour contracter licitement le mariage chrétien, il est nécessaire d'être libre de tous les empêchements prohibant du mariage, être instruit des choses principales de la religion et être en état de grâce, car sans cela on commettrait un sacrilège.

Qu'est-ce que les empêchements de mariage ?

Les empêchements de mariage sont les diverses circonstances qui rendent le mariage invalide ou illicite.

Dans le premier cas on les appelle empêchements dirimants, dans le second, empêchements prohibant.

Donnez-moi des exemples d'empêchements dirimants ?

Sont empêchements dirimants, par exemple, la parenté naturelle jusqu'au quatrième degré, la parenté spirituelle, le vœu solennel de chasteté, la diversité de culte entre les baptisés et les non baptisés, etc...

Donnez-moi des exemples d'empêchements prohibants ?

Sont empêchements prohibants, par exemple, le temps prohibé, le vœu simple de chasteté, etc...

Les fidèles sont-ils obligés de manifester à l'autorité ecclésiastique les empêchements de mariage qu'ils connaissent ?

Les fidèles sont obligés de manifester à l'autorité ecclésiastique les empêchements de mariage qu'ils connaissent ; et c'est pour cela que les curés publient les bans.

Qui a le pouvoir d'établir des empêchements de mariage, d'en dispenser et de juger de la validité du mariage chrétien ?

Il n'y a que l'Église qui ait le pouvoir d'établir des empêchements et de juger de la validité du mariage entre chrétiens, comme il n'y a qu'elle qui puisse dispenser des empêchements qu'elle a établis.

Pourquoi n'y a-t-il que l'Église qui ait le pouvoir d'établir des empêchements et de juger de la validité du mariage ?

Il n'y a que l'Église qui ait le pouvoir d'établir des empêchements, de juger de la validité du mariage et de dispenser des empêchements qu'elle a établis, parce que, dans le mariage chrétien, le contrat lui-même tombe sous le pouvoir de l'Église à laquelle seule Jésus-Christ a donné le droit de faire des lois et de porter des décisions dans les choses saintes.

L'autorité civile peut-elle par le divorce briser le lien du mariage chrétien ?

Non, le lien du mariage chrétien ne peut être brisé par l'autorité civile, parce que celle-ci ne peut s'ingérer en matière de sacrement ni séparer ce que Dieu a uni.

Qu'est-ce que le mariage civil ?

Le mariage civil n'est autre chose qu'une pure formalité prescrite par la loi pour donner et assurer les effets civils du mariage aux époux et à leurs enfants.

Suffit-il pour un chrétien de ne faire que le mariage ou un contrat civil ?

Pour un chrétien, il ne suffit pas de ne faire que le contrat civil, parce que ce n'est pas un sacrement ni, par suite, un vrai mariage.

Dans quelle condition seraient des époux qui vivraient ensemble unis seulement par le mariage civil ?

Des époux qui vivraient ensemble unis seulement par le mariage civil seraient dans un état habituel de péché mortel, et leur union resterait toujours illégitime devant Dieu et l'Église

Doit-on faire aussi le mariage civil ?

On doit faire le mariage civil, parce que, bien qu'il ne soit pas un sacrement, il sert cependant à garantir aux contractants et à leurs enfants les effets civils de la société conjugale ; et c'est pour cela que, en règle générale, l'autorité ecclésiastique ne permet le mariage religieux que lorsqu'ont été accomplies les formalités prescrites par l'autorité civile.

CINQUIÈME PARTIE : LES PRINCIPALES VERTUS ET LES AUTRES CHOSES QU'UN CHRÉTIEN DOIT SAVOIR.

LES PRINCIPALES VERTUS.

§ 1. Les vertus théologales.

Qu'est-ce que la vertu surnaturelle ?
La vertu surnaturelle est une qualité que Dieu infuse dans l'âme et par laquelle on a de l'inclination, de la facilité et de la promptitude à connaître et à faire le bien par rapport à la vie éternelle.

Combien y a-t-il de vertus surnaturelles principales ?
Il y a sept vertus surnaturelles principales, savoir : trois théologales et quatre cardinales.

Quelles sont les vertus théologales ?
Les vertus théologales sont : la Foi, l'Espérance et la Charité.

Pourquoi la Foi, l'Espérance et la Charité sont-elles appelées vertus théologales ?
La Foi, l'Espérance et la Charité sont appelées vertus théologales parce qu'elles ont Dieu pour objet immédiat et principal, et que c'est Lui qui les met en nous.

Comment les vertus théologales ont-elles Dieu pour objet immédiat ?
Les vertus théologales ont Dieu pour objet immédiat parce que : par la Foi nous croyons en Dieu et nous croyons tout ce qu'il a révélé ; par l'Espérance nous espérons posséder Dieu ; par la Charité nous aimons Dieu et, en Lui, nous nous aimons nous-mêmes et nous aimons le prochain.

Quand est-ce que Dieu met en notre âme les vertus théologales ?
Dieu, par sa bonté, répand en notre âme les vertus théologales quand il

nous orne de la grâce sanctifiante ; ainsi quand nous avons reçu le Baptême, nous avons été enrichis de ces vertus en même temps que des dons du Saint-Esprit.

Suffit-il pour être sauvé, d'avoir reçu les vertus théologales par le Baptême ?
Pour celui qui a l'usage de la raison il ne suffit pas d'avoir reçu les vertus théologales par le Baptême, mais il est nécessaire d'en faire souvent les actes.

Quand sommes-nous obligés de faire les actes de Foi, d'Espérance et de Charité ?
Nous sommes obligés de faire les actes de Foi, d'Espérance et de Charité :
1 quand nous sommes arrivés à l'usage de la raison ;
2 souvent au cours de la vie ;
3 quand nous sommes en danger de mort.

§ 2. La Foi.

Qu'est-ce que la Foi ?
La Foi est une vertu surnaturelle, infuse par Dieu dans notre âme, par laquelle, appuyés sur l'autorité de Dieu même, nous croyons tout ce qu'il a révélé et qu'il nous propose de croire par son Église

Comment connaissons-nous les vérités révélées de Dieu ?
Nous connaissons les vérités révélées de Dieu par l'intermédiaire de la sainte Église qui est infaillible ; c'est-à-dire par l'intermédiaire du Pape, successeur de saint Pierre, et par l'intermédiaire des Évêques, successeurs des Apôtres, qui furent instruits par Jésus-Christ lui-même.

Sommes-nous sûrs des choses que la sainte Église nous enseigne ?
Nous sommes absolument certains des choses que la sainte Église nous enseigne, parce que Jésus-Christ a donné sa parole que l'Église ne se tromperait jamais.

Par quel péché perd-on, la Foi ?
On perd la Foi par la négation ou le doute volontaire, quand l'objet n'en serait même qu'un seul des articles proposés à notre croyance.

Comment recouvre-t-on la Foi perdue ?
On recouvre la Foi perdue en se repentant du péché commis et en croyant de nouveau tout ce que croit la sainte Église

§ 3. Les mystères.

Pouvons-nous comprendre toutes les vérités de la Foi ?

Non, nous ne pouvons pas comprendre toutes les vérités de la Foi, parce que quelques-unes sont des mystères.

Qu'est-ce que les mystères ?

Les mystères sont des vérités supérieures à la raison, que nous devons croire bien que nous ne puissions les comprendre.

Pourquoi devons-nous croire les mystères ?

Nous devons croire les mystères parce qu'ils ont été révélés de Dieu, qui, étant la Vérité et la Bonté infinies, ne peut ni se tromper ni nous tromper.

Les mystères sont-ils contraires à la raison ?

Les mystères sont supérieurs et non contraires à la raison ; et même la raison elle-même nous persuade de les admettre.

Pourquoi les mystères ne peuvent-ils être contraires à la raison ?

Les mystères ne peuvent être contraires à la raison parce que c'est le même Dieu qui nous a donné la lumière de la raison et qui a révélé les mystères, et qu'il ne peut se contredire lui-même.

§ 4. L'Écriture Sainte.

Où sont contenues les vérités que Dieu a révélées ?

Les vérités que Dieu a révélées sont contenues dans l'Écriture Sainte et dans la Tradition.

Qu'est-ce que l'Écriture Sainte ?

L'Écriture Sainte est la collection des livres écrits par les Prophètes et les Hagiographes, les Apôtres et les Évangélistes, sous l'inspiration du Saint-Esprit, et reçus par l'Église comme inspirés.

En combien de parties se divise la Sainte Écriture ?

L'Écriture Sainte se divise en deux parties, l'Ancien et le Nouveau Testament.

Que contient l'Ancien Testament ?

L'Ancien Testament contient les livres inspirés écrits avant la venue de Jésus-Christ.

Que contient le Nouveau Testament ?

Le Nouveau Testament contient les livres inspirés écrits après la venue de Jésus-Christ.

De quel nom appelle-t-on communément l'Écriture Sainte ?

L'Écriture Sainte est appelée communément la sainte Bible.

Que veut dire le mot Bible ?

Le mot Bible veut dire la collection des livres saints, le livre par excellence, le livre des livres, le livre inspiré de Dieu.

Pourquoi l'Écriture Sainte est-elle appelée le livre par excellence ?

L'Écriture Sainte est appelée le livre par excellence, à cause de l'excellence des matières qu'elle traite et de l'auteur qui l'a inspirée.

Ne peut-il pas y avoir d'erreur dans l'Écriture Sainte ?

Il ne peut y avoir aucune erreur dans l'Écriture Sainte puisque, en effet, elle est inspirée de Dieu.

L'auteur de toutes ses parties est Dieu lui-même.

Cela n'empêche pas que dans les copies et les traductions qui en ont été faites, il ne puisse s'être glissé quelques fautes ou des copistes ou des traducteurs.

Mais dans les éditions revues et approuvées par l'Église catholique, il ne peut y avoir d'erreur en ce qui regarde la foi ou la morale.

La lecture de la Bible est-elle nécessaire à tous les chrétiens ?

La lecture de la Bible n'est pas nécessaire à tous les chrétiens, puisqu'ils sont instruits par l'Église ; cependant elle est très utile et recommandée à tous.

Peut-on lire quelque traduction que ce soit de la Bible en langue vulgaire.

On peut lire les traductions de la Bible en langue vulgaire qui sont reconnues fidèles par l'Église catholique, et qui sont accompagnées d'explications approuvées par elle.

Pourquoi ne peut-on lire que les traductions de la Bible approuvées par l'Église ?

On ne peut lire que les traductions de la Bible approuvées par l'Église parce qu'elle seule est la légitime gardienne de la Bible.

Par qui pouvons-nous connaître le vrai sens des Saintes Écritures ?

Nous ne pouvons connaître le vrai sens des Saintes Écritures que par l'interprétation de l'Église, parce que seule elle est garantie d'erreur en cette interprétation.

Que devrait faire un chrétien à qui une Bible serait offerte par un protestant ou un émissaire des protestants ?

Un chrétien à qui une Bible serait offerte par un protestant ou un émissaire des protestants devrait la rejeter avec horreur, parce qu'elle est interdite par l'Église

S'il l'avait reçue sans y faire attention, il devrait au plus tôt la jeter au feu ou la remettre à son curé.

Pourquoi l'Église interdit-elle les Bibles protestantes ?

L'Église interdit les Bibles protestantes parce que, ou bien elles sont altérées et contiennent des erreurs, ou bien, manquant de son approbation et de notes qui expliquent les sens obscurs, elles peuvent nuire à la Foi.

C'est pour cette raison encore que l'Église interdit même les traductions de la Sainte Écriture qu'elle a déjà approuvées, mais qui ont été réimprimées sans des explications approuvées par elle.

§ 5. La Tradition.

Dites-moi ce que c'est que la Tradition ?

La Tradition est la parole de Dieu qui n'est pas écrite, mais qui, communiquée de vive voix par Jésus-Christ et par les Apôtres, est parvenue sans altération de siècle en siècle jusqu'à nous par le moyen de l'Église

Où sont contenus les enseignements de la Tradition ?

Les enseignements de la Tradition sont contenus principalement dans les décrets des Conciles, les écrits des saints Pères, les actes du Saint-Siège, les paroles et les usages de la Liturgie sacrée.

Quel cas faut-il faire de la Tradition ?

Il faut faire de la Tradition le même cas que de la parole de Dieu révélée que contient l'Écriture Sainte.

§ 6. L'Espérance.

Qu'est-ce que l'Espérance ?

L'Espérance est une vertu surnaturelle, infuse par Dieu dans notre âme, par laquelle nous désirons et nous attendons la vie éternelle que Dieu a promise à ses serviteurs, et les secours nécessaires pour l'obtenir.

Pour quel motif devons-nous espérer de Dieu le paradis et les secours nécessaires pour le gagner ?

Nous devons espérer de Dieu le paradis et les secours nécessaires pour le gagner, parce que Dieu très miséricordieux, par les mérites de Notre Seigneur Jésus-Christ, l'a promis à qui le sert de tout cœur ; et comme il est très fidèle et tout-puissant, il tient toujours ses promesses.

Quelles sont les conditions nécessaires pour obtenir le paradis ?

Les conditions nécessaires pour obtenir le paradis sont la grâce de Dieu, l'exercice des bonnes œuvres, et la persévérance jusqu'à la mort dans son saint amour.

Comment perd-on l'Espérance ?

On perd l'Espérance toutes les fois qu'on perd la Foi.

On la perd encore par les péchés de désespoir ou de présomption.

Comment recouvre-t-on l'Espérance perdue ?

On recouvre l'Espérance perdue en se repentant du péché commis et en s'excitant de nouveau à la confiance en la bonté divine.

§ 7. La Charité.

Qu'est-ce que la Charité ?

La Charité est une vertu surnaturelle, infuse par Dieu dans notre âme, par laquelle nous aimons Dieu pour lui-même par dessus toute chose et le prochain comme nous-mêmes pour l'amour de Dieu.

Pour quels motifs devons-nous aimer Dieu ?

Nous devons aimer Dieu parce qu'il est le souverain bien, infiniment bon et parfait.

Nous devons aussi l'aimer à cause du commandement qu'il nous en fait et des grands bienfaits que nous recevons de Lui.

Comment doit-on aimer Dieu ?

On doit aimer Dieu par dessus toutes choses, de tout son cœur, de tout son esprit, de toute son âme et de toutes ses forces.

Qu'est-ce qu'aimer Dieu par dessus toutes choses ?

Aimer Dieu par dessus toutes choses, c'est le préférer à toutes les créatures les plus chères et les plus parfaites, et être disposé à perdre tout plutôt que de l'offenser et de cesser de l'aimer.

Qu'est-ce qu'aimer Dieu de tout notre cœur ?

Aimer Dieu de tout notre cœur, c'est lui consacrer tous nos sentiments.

Qu'est-ce qu'aimer Dieu de tout notre esprit ?

Aimer Dieu de tout notre esprit, c'est diriger vers lui toutes nos pensées.

Qu'est-ce qu'aimer Dieu de toute notre âme ?

Aimer Dieu de toute notre âme, c'est lui consacrer l'usage de toutes les puissances de notre âme.

Qu'est-ce qu'aimer Dieu de toutes nos forces ?

Aimer Dieu de toutes nos forces, c'est nous efforcer de grandir toujours davantage dans son amour, et faire en sorte que toutes nos actions aient pour motif et pour fin son amour et le désir de lui plaire.

Pourquoi devons-nous aimer le prochain ?

Nous devons aimer le prochain pour l'amour de Dieu, parce qu'Il nous le commande et parce que tout homme est son image.

Sommes-nous obligés d'aimer aussi nos ennemis ?

Oui, nous sommes obligés d'aimer nos ennemis parce que, eux aussi, sont notre prochain et parce que Jésus-Christ nous en a fait un commandement formel.

Qu'est-ce qu'aimer le prochain comme soi-même ?

Aimer le prochain comme soi-même, c'est lui désirer et lui faire, autant qu'on le peut, le bien que nous devons désirer pour nous-mêmes, et ne lui désirer et ne lui faire aucun mal.

Quand est-ce que nous nous aimons comme il faut ?

Nous nous aimons comme il faut quand nous cherchons à servir Dieu et à mettre en Lui notre félicité.

Comment perd-on la Charité ?
On perd la Charité par tout péché mortel.
Comment recouvre-t-on la Charité ?
On recouvre la Charité en faisant des actes d'amour de Dieu, en se repentant et en se confessant comme il faut.

§ 8. Les vertus cardinales

Quelles sont les vertus cardinales ?
Les vertus cardinales sont la Prudence, la Justice, la Force et la Tempérance.
Pourquoi la Prudence, la Justice, la Force et la Tempérance sont-elles appelées vertus cardinales ?
La Prudence, la Justice, la Force et la Tempérance sont appelées vertus cardinales parce qu'elles sont le pivot (latin cardo) et le fondement des vertus morales.
Qu'est-ce que la Prudence ?
La Prudence est la vertu qui dirige toute action vers son but légitime et cherche, par suite, les moyens convenables pour que l'action soit bien faite de toutes façons et, par là, agréable au Seigneur.
Qu'est-ce que la Justice ?
La Justice est la vertu par laquelle nous rendons à chacun ce qui lui est dû.
Qu'est-ce que la Force ?
La Force est la vertu qui nous rend courageux au point de ne craindre aucun danger, pas même la mort, pour le service de Dieu.
Qu'est-ce que la Tempérance ?
La Tempérance est la vertu par laquelle nous refrénons les désirs désordonnés des jouissances sensibles et nous usons avec modération des biens temporels.

2

LES DONS DU SAINT-ESPRIT.

Combien y a-t-il de dons du Saint-Esprit et quels sont-ils ?
Il y a sept dons du Saint-Esprit :
1 le don de Sagesse ;
2 d'Intelligence ;
3 de Conseil ;
4 de Force ;
5 de Science ;
6 de Piété ;
7 de Crainte de Dieu.

A quoi servent les dons du Saint-Esprit ?
Les dons du Saint-Esprit servent à nous confirmer dans la Foi, l'Espérance et la Charité ; et à nous rendre prompts aux actes de vertu nécessaires pour acquérir la vie chrétienne.

Qu'est-ce que la Sagesse ?
La Sagesse est un don par lequel, élevant notre esprit au-dessus des choses terrestres et fragiles, nous contemplons les choses éternelles, c'est-à-dire la Vérité qui est Dieu, en qui nous nous complaisons et que nous aimons comme notre souverain Bien.

Qu'est-ce que l'Intelligence ?
L'Intelligence est un don par lequel nous est facilitée, autant que c'est possible pour un homme mortel, l'intelligence de la Foi et des divins mystères que nous ne pouvons connaître par les lumières naturelles de notre esprit.

Qu'est-ce que le Conseil ?

Le Conseil est un don par lequel, dans les doutes et les incertitudes de la vie humaine, nous connaissons ce qui contribue le plus à la gloire de Dieu, à notre salut et à celui du prochain.

Qu'est-ce que la Force ?

La Force est un don qui nous inspire de l'énergie et du courage pour observer fidèlement la sainte loi de Dieu et de l'Église, en surmontant tous les obstacles et toutes les attaques de nos ennemis.

Qu'est-ce que la Science ?

La Science est un don par lequel nous apprécions sainement les choses créées, et nous connaissons la manière d'en bien user et de les diriger vers leur fin dernière qui est Dieu.

Qu'est-ce que la Piété ?

La Piété est un don par lequel nous vénérons et nous aimons Dieu et les Saints, et nous avons des sentiments de miséricorde et de bienveillance envers le prochain pour l'amour de Dieu.

Qu'est-ce que la Crainte de Dieu ?

La Crainte de Dieu est un don qui nous fait respecter Dieu et craindre d'offenser sa divine Majesté, et qui nous détourne du mal en nous portant au bien.

3

LES BÉATITUDES ÉVANGÉLIQUES.

Combien y a-t-il de Béatitudes évangéliques et quelles sont-elles ?
   Il y a huit Béatitudes évangéliques :
   1 Bienheureux les pauvres en esprit, car le royaume des cieux leur appartient.
   2 Bienheureux les doux, car ils posséderont la terre.
   3 Bienheureux ceux qui pleurent, car ils seront consolés.
   4 Bienheureux ceux qui ont faim et soif de la justice, car ils seront rassasiés.
   5 Bienheureux les miséricordieux, car ils trouveront miséricorde.
   6 Bienheureux les cœurs purs, car ils verront Dieu.
   7 Bienheureux les pacifiques, parce qu'ils seront appelés enfants de Dieu.
   8 Bienheureux ceux qui souffrent persécution pour l'amour de la justice, car le royaume des cieux leur appartient.
   Pourquoi Jésus-Christ nous a-t-il proposé les Béatitudes ?
   Jésus-Christ nous a proposé les Béatitudes pour nous faire détester les maximes du monde et pour nous inviter à aimer et pratiquer les maximes de son Évangile
   Quels sont ceux que le monde appelle bienheureux ?
   Le monde appelle bienheureux ceux qui ont en abondance les richesses et les honneurs, ceux qui vivent dans les délices et qui n'ont aucune occasion de souffrir.
   Qu'est-ce que les pauvres en esprit que Jésus-Christ appelle bienheureux ?

Les pauvres en esprit, selon l'Évangile, sont ceux qui ont le cœur détaché des richesses : en faisant un bon usage, s'ils les possèdent ; ne les recherchant pas avec sollicitude, s'ils en sont privés ; en souffrant la perte avec résignation, si elles leur sont enlevées.

Qu'est-ce que les doux ?

Les doux sont ceux qui traitent le prochain avec douceur, souffrent avec patience ses défauts et les torts qu'ils en éprouvent, sans querelle, ressentiment ou vengeance.

Qui sont ceux qui pleurent et cependant sont appelés bienheureux ?

Ceux qui pleurent et cependant sont appelés bienheureux sont ceux ; qui souffrent avec résignation les tribulations, qui s'affligent à cause des péchés commis, des maux, et des scandales qu'on voit dans le monde, de l'éloignement du paradis et du danger de le perdre.

Qui sont ceux qui ont faim et soif de la justice ?

Ceux qui ont faim et soif de la justice sont ceux qui désirent ardemment de croître toujours davantage dans la grâce divine et l'exercice des œuvres bonnes et vertueuses.

Qui sont les miséricordieux ?

Les miséricordieux sont ceux qui : aiment leur prochain en Dieu et pour Dieu, ont compassion de ses misères spirituelles et corporelles, et tâchent de le soulager selon leurs forces et leur état.

Qui sont les cœurs purs ?

Les cœurs purs sont ceux qui n'ont aucune affection au péché et s'en tiennent éloignés, et qui fuient surtout toute sorte d'impureté.

Qui sont les pacifiques ?

Les pacifiques sont ceux qui conservent la paix avec le prochain et avec eux-mêmes, et qui tâchent de mettre la paix entre ceux qui sont divisés.

Qui sont ceux qui souffrent persécution pour l'amour de la justice ?

Ceux qui souffrent persécution par amour de la justice sont ceux qui supportent avec patience les moqueries, les blâmes et les persécutions à cause de la foi et de la loi de Jésus-Christ.

Que signifient les diverses récompenses promises par Jésus-Christ dans les Béatitudes ?

Les diverses récompenses promises par Jésus-Christ dans les Béatitudes signifient toutes, sous divers noms, la gloire éternelle.

Les Béatitudes nous procurent-elles seulement la gloire éternelle du paradis ?

Les Béatitudes ne nous procurent pas seulement la gloire éternelle du paradis, elles sont encore les moyens de rendre notre vie aussi heureuse qu'il est possible ici-bas.

Ceux qui suivent les Béatitudes n'en reçoivent-ils pas déjà quelque récompense en cette vie ?

Si, certainement, ceux qui suivent les Béatitudes en reçoivent déjà quelque récompense même en cette vie, parce qu'ils jouissent déjà d'une paix et d'un contentement intimes qui sont le principe, bien qu'encore imparfait, de la félicité éternelle.

Ceux qui suivent les maximes du monde peuvent-ils se dire heureux ?

Non, ceux qui suivent les maximes du monde ne sont pas heureux, parce qu'ils n'ont pas la vraie paix de l'âme et qu'ils courent le danger d'être damnés.

4

LES ŒUVRES DE MISÉRICORDE.

Q *uelles sont les bonnes œuvres dont il nous sera demandé un compte particulier au jour du jugement ?*
   Les bonnes œuvres dont il nous sera demandé un compte particulier au jour du jugement sont les œuvres de miséricorde.
Qu'entend-on par œuvre de miséricorde ?
L'œuvre de miséricorde est celle par laquelle on secourt les besoins spirituels ou corporels du prochain.
Quelles sont les œuvres de miséricorde corporelle ?
Les œuvres de miséricorde corporelle sont :
1 donner à manger à ceux qui ont faim,
2 donner à boire à ceux qui ont soif,
3 vêtir ceux qui sont nus,
4 abriter les étrangers,
5 visiter les infirmes,
6 visiter les prisonniers,
7 ensevelir les morts.
Quelles sont les œuvres de miséricorde spirituelle ?
Les œuvres de miséricorde spirituelle sont :
1 conseiller ceux qui en ont besoin,
2 instruire les ignorants,
3 exhorter les pécheurs
4 consoler les affligés

5 pardonner les offenses
6 supporter patiemment les personnes ennuyeuses
7 prier Dieu pour les vivants et pour les morts.

5

LES PÉCHÉS ET LEURS ESPÈCES PRINCIPALES.

Combien y a-t-il de sortes de péchés ?
Il y a deux sortes de péchés : le péché originel et le péché actuel.
Qu'est-ce que le péché originel ?
Le péché originel est celui avec lequel nous naissons tous et que nous avons contracté par la désobéissance de notre premier père Adam.
Quels torts nous a causés le péché d'Adam ?
Les torts causés par le péché d'Adam sont : la privation de la grâce, la perte du paradis, l'ignorance, l'inclination au mal, la mort et toutes les autres misères.
Comment est effacé le péché originel ?
Le péché originel est effacé par le saint Baptême.
Qu'est-ce que le péché actuel ?
Le péché actuel est celui que l'homme, arrivé à l'usage de la raison, commet par sa libre volonté.
Combien y a-t-il de sortes de péché actuel ?
Il y a deux sortes de péché actuel : le péché mortel et le péché véniel.
Qu'est-ce que le péché mortel ?
Le péché mortel est une désobéissance à la loi divine par laquelle on manque gravement à ses devoirs envers Dieu, envers le prochain et envers soi-même.
Pourquoi l'appelle-t-on mortel ?
On l'appelle mortel parce qu'il donne la mort à l'âme en lui faisant perdre la grâce sanctifiante qui est la vie de l'âme, comme l'âme est la vie du corps.

Quels torts fait à l'âme le péché mortel ?
Le péché mortel :
1 prive l'âme de la grâce et de l'amitié de Dieu ;
2 lui fait perdre le paradis ;
3 la prive des mérites acquis et la rend incapable d'en acquérir de nouveaux ;
4 la rend esclave du démon ;
5 lui fait mériter l'enfer et aussi les châtiments de cette vie.

Outre la gravité de la matière que faut-il pour constituer un péché mortel ?
Outre la gravité de la matière, pour constituer un péché mortel, il faut la connaissance de commettre le péché.

Qu'est-ce que le péché véniel ?
Le péché véniel est une désobéissance légère à la loi divine par laquelle on ne manque que légèrement à quelque devoir envers Dieu, envers le prochain, et envers soi-même.

Pourquoi l'appelle-t-on véniel ?
Parce qu'il est léger comparé au péché mortel, qu'il ne nous fait pas perdre la grâce divine et parce que Dieu le pardonne facilement.

Il n'y a donc pas à faire grand cas du péché véniel ?
Ce serait une très grande erreur, soit parce que le péché véniel contient toujours une certaine offense de Dieu, soit parce qu'il cause des torts assez graves à l'âme.

Quels torts nous cause le péché véniel ?
Le péché véniel :
1 affaiblit et refroidit en nous la charité ;
2 nous dispose au péché mortel ;
3 nous rend dignes de grandes peines temporelles en ce monde ou en l'autre.

6

LES VICES ET LES AUTRES PÉCHÉS TRÈS GRAVES.

Q*u'est-ce que le vice ?*
Le vice est une mauvaise disposition de l'âme qui la porte à fuir le bien et à faire le mal, et qui est causée par la fréquente répétition d'actes mauvais.

Quelle différence y a-t-il entre un péché et un vice ?
Entre un péché et un vice il y a cette différence que le péché est un acte qui passe, tandis que le vice est la mauvaise habitude qu'on a contractée de tomber en quelque péché.

Quels sont les vices qu'on appelle capitaux ?
Il y a sept vices qu'on appelle capitaux :
1 l'Orgueil ;
2 l'Avarice ;
3 la Luxure ;
4 la Colère ;
5 la Gourmandise ;
6 l'Envie ;
7 la Paresse.

Comment triomphe-t-on des vices capitaux ?
On triomphe des vices capitaux par l'exercice des vertus opposées.

Ainsi on triomphe : de l'orgueil par l'humilité, de l'avarice par la libéralité, de la luxure par la chasteté, de la colère par la patience, de la gourmandise par l'abstinence, de l'envie par l'amour fraternel, de la paresse par la diligence et l'ardeur dans le service de Dieu.

Pourquoi ces vices sont-ils appelés capitaux ?

Ces vices sont appelés capitaux parce qu'ils sont la source et la cause de beaucoup d'autres vices et péchés.

Combien y a-t-il de péchés contre le Saint-Esprit ?

Il y a six péchés contre le Saint-Esprit :

1 désespérer de son salut ;

2 espérer par présomption se sauver sans mérite ;

3 combattre la vérité connue ;

4 envier les grâces d'autrui ;

5 s'obstiner dans ses péchés ;

6 mourir dans l'impénitence finale.

Pourquoi dit-on que ces péchés sont en particulier contre le Saint-Esprit ?

On dit que ces péchés sont en particulier contre le Saint-Esprit parce qu'ils sont commis par pure malice, ce qui est contraire à la bonté, attribuée au Saint-Esprit.

Quels sont les péchés dont on dit qu'ils crient vengeance devant la face de Dieu ?

Il y a quatre péchés dont on dit qu'ils crient vengeance devant la face de Dieu :

1 l'homicide volontaire ;

2 le péché impur contre l'ordre de la nature ;

3 l'oppression des pauvres ;

4 le refus du salaire aux ouvriers.

Pourquoi dit-on que ces péchés crient vengeance devant la face de Dieu ?

On dit que ces péchés crient vengeance devant la face de Dieu, parce que l'Esprit Saint le dit, et parce que leur iniquité est si grave et si manifeste qu'elle provoque Dieu à les punir des plus sévères châtiments.

LES FINS DERNIÈRES ET LES AUTRES MOYENS PRINCIPAUX POUR ÉVITER LE PÉCHÉ.

Qu'entendez-vous par Fins dernières ?

Les saints Livres appellent Fins dernières les dernières choses qui arriveront à l'homme.

Combien y a-t-il de Fins dernières pour l'homme ?

Il y a pour l'homme quatre Fins dernières : la Mort, le Jugement, l'Enfer et le Paradis.

Pourquoi dites-vous que ce sont là les dernières choses qui arriveront à l'homme ?

Je dis que ce sont là les dernières choses qui arriveront à l'homme, parce que : la Mort est la dernière chose qui lui arrivera en ce monde ; le Jugement de Dieu, le dernier des jugements que nous devons subir ; l'Enfer, le mal extrême pour les méchants ; le Paradis, le souverain bien pour les bons.

Quand devons-nous penser aux Fins dernières ?

Il est bon de penser aux Fins dernières chaque jour et particulièrement en faisant sa prière le matin au réveil, le soir avant le repos, et toutes les fois que nous sommes tentés de faire le mal, parce que cette pensée est très efficace pour nous faire éviter le péché.

LES EXERCICES PIEUX CONSEILLÉS AU CHRÉTIEN POUR CHAQUE JOUR.

Que doit faire un bon chrétien le matin à son réveil ?
Un bon chrétien, le matin en s'éveillant, doit faire le signe de la Croix et offrir son cœur à Dieu, en disant ces paroles ou autres semblables : " Mon Dieu, je vous donne mon cœur et mon âme ".

A quoi devrait-on penser en se levant et en s'habillant ?
En se levant et en s'habillant on devrait penser que Dieu est présent, que ce jour peut être le dernier de notre vie, et l'on doit se lever et s'habiller avec toute la modestie possible.

Une fois habillé, que doit faire un bon chrétien ?
Une fois habillé, un bon chrétien doit : se mettre en la présence de Dieu, s'agenouiller s'il le peut, devant quelque image pieuse en disant avec dévotion :

> " *Je vous adore, ô mon Dieu, et je vous aime de tout mon*
>   *cœur ;*
> *je vous remercie de m'avoir créé, fait chrétien, et conservé*
>   *pendant cette nuit ;*
> *je vous offre toutes mes actions ;*
> *et je vous prie de me préserver pendant ce jour du péché et de*
>   *me délivrer de tout mal.*
> *Ainsi soit-il* ".

Il récite ensuite le Pater noster, l'Ave Maria, le Credo et les actes de Foi, d'Espérance et de Charité,
les accompagnant d'un vif élan du cœur

Quelles pratiques de piété devrait accomplir chaque jour le chrétien ?
Le chrétien, s'il le peut, devrait chaque jour :
1 assister avec dévotion à la sainte Messe ;
2 faire une visite, si courte soit elle, au très Saint Sacrement ;
3 réciter le Chapelet.

Que faut-il faire avant de travailler ?
Avant de travailler, on doit offrir son travail à Dieu en disant de tout son cœur :
" Seigneur, je vous offre ce travail : donnez-moi votre bénédiction ".

Pour quelle fin doit-on travailler ?
On doit travailler pour la gloire de Dieu et pour faire sa volonté.

Que convient-il de faire avant son repas ?
Avant son repas, il convient de faire, debout, le signe de la Croix et de dire avec dévotion :
" Seigneur Dieu, donnez votre bénédiction à nous et à la nourriture que nous allons prendre pour nous soutenir dans votre service ".

Après le repas que convient-il de faire ?
Après le repas, il convient de faire le signe de la Croix et de dire :
" Seigneur, je vous remercie de la nourriture que vous m*'avez donnée ; rendez-moi digne de participer au banquet céleste ".

Quand on se trouve en quelque tentation, que faudrait-il faire ?
Si on se trouvait en quelque tentation, il faudrait : invoquer avec foi le saint Nom de Jésus et de Marie, ou dire avec ferveur quelque oraison jaculatoire, comme par exemple : " Faites-moi la grâce, Seigneur, de ne jamais vous offenser ", ou bien faire le signe de la Croix, en évitant cependant que, par ces signes extérieurs, les autres s'aperçoivent de nos tentations.

Quand on est certain ou qu'on craint d'avoir commis quelque péché, que doit-on faire ?
Quand on est certain ou qu'on craint d'avoir péché, on doit faire aussitôt un acte de contrition et tâcher de se confesser au plus tôt.

Quand hors de l'Église, on entend la sonnerie de l'élévation de l'hostie à la Messe solennelle ou de la bénédiction du très Saint Sacrement, que doit-on faire ?
On doit faire, au moins de cœur, un acte d'adoration, en disant par exemple :
" Loué et remercié soit à tout instant le très saint et divin sacrement ".

Que doit-on faire quand sonne l'Angélus, à l'aube, à midi et le soir ?

Au son de la cloche, un bon chrétien récite l'Angélus Domini avec trois fois Ave Maria.

Le soir, avant d'aller se coucher, que convient-il de faire ?

Avant d'aller se coucher, le soir, il convient : de se mettre, comme le matin, en la présence de Dieu, de réciter dévotement les mêmes prières, de faire un court examen de conscience et de demander pardon à Dieu des péchés commis dans la journée.

Que ferez-vous avant de vous endormir ?

Avant de m'endormir, je ferai le signe de la Croix, je penserai que je puis mourir cette nuit et je donnerai mon cœur à Dieu en disant :

> " *Mon Seigneur et mon Dieu, je vous donne mon cœur ;*
> *Très Sainte Trinité, faites-moi la grâce de bien vivre et de bien*
>   *mourir ;*
> *Jésus, Marie, Joseph, je vous recommande mon âme* ".

En dehors des prières du matin et du soir, de quelle autre manière peut-on recourir à Dieu au cours de la journée ?

Au cours de la journée, on peut prier Dieu fréquemment par d'autres courtes prières qu'on appelle oraisons jaculatoires.

Dites quelques oraisons jaculatoires ?

Seigneur, secourez-moi !

Seigneur, que votre volonté soit faite !

Mon Jésus, je veux être tout à vous !

Mon Jésus, miséricorde !

Doux Cœur de mon Jésus, faites que je vous aime toujours de plus en plus !

Est-il utile de dire pendant la journée beaucoup d'oraisons jaculatoires ?

Il est très utile de dire pendant la journée beaucoup d'oraisons jaculatoires, et on peut en dire même simplement de cœur, sans proférer de paroles, en marchant, en travaillant, etc... .

En dehors des oraisons jaculatoires à quoi devrait encore s'exercer souvent le chrétien ?

En dehors des oraisons jaculatoires le chrétien devrait s'exercer à la mortification chrétienne.

Qu'est-ce que se mortifier ?

Se mortifier, c'est sacrifier pour l'amour de Dieu, ce qui plaît et accepter ce qui déplaît au sens ou à l'amour-propre.

Quand le Très Saint Sacrement est porté à un malade, que faut-il faire ?

Quand le Très Saint Sacrement est porté à un malade, il faut : tâcher, si on le peut, de l'accompagner avec modestie et recueillement ; et, si on ne le peut pas, faire un acte d'adoration en quelque lieu qu'on se trouve et dire : " Consolez, Seigneur, ce malade et donnez-lui la grâce de se conformer à votre très sainte volonté et de faire son salut ".

En entendant sonner l'agonie d'un moribond, que ferez-vous ?

En entendant sonner l'agonie d'un moribond, je me rendrai si je le puis, à l'église afin de prier pour lui ; et si je ne le puis pas, je recommanderai son âme au Seigneur, en pensant qu'avant longtemps je me trouverai moi-même dans cet état.

Que ferez-vous quand vous entendrez sonner la mort de quelqu'un ?

Quand j'entendrai sonner la mort de quelqu'un, je tâcherai de dire un De profundis ou un Requiem pour l'âme de ce défunt, et je me renouvellerai dans la pensée de la mort.

Copyright © 2019 par Alicia Editions
Tous Droits réservés

www.ingramcontent.com/pod-product-compliance
Lightning Source LLC
LaVergne TN
LVHW030411120526
838202LV00098BA/295